# F!FTY DOORS OF

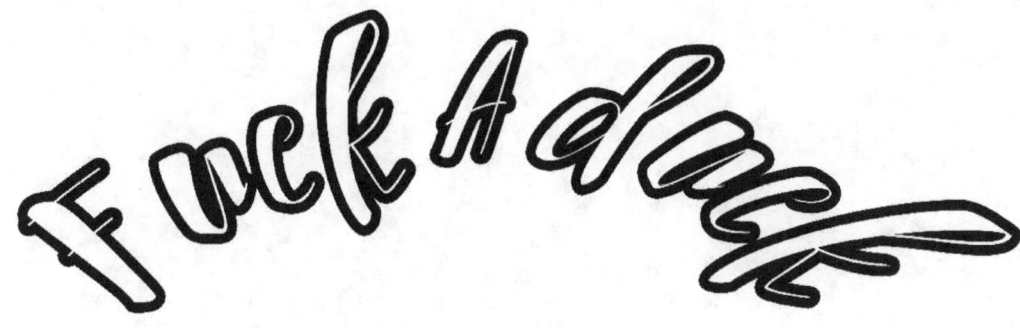

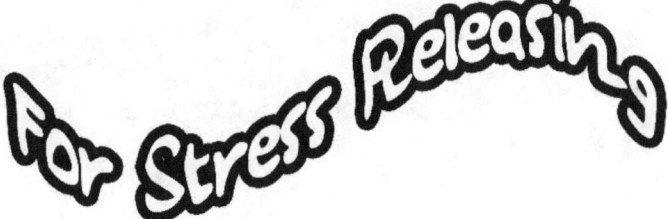

40 Swear Words to Color

For Stress Releasing

## BY

## J.A. FLORENTINE

*Happy Coloring!*

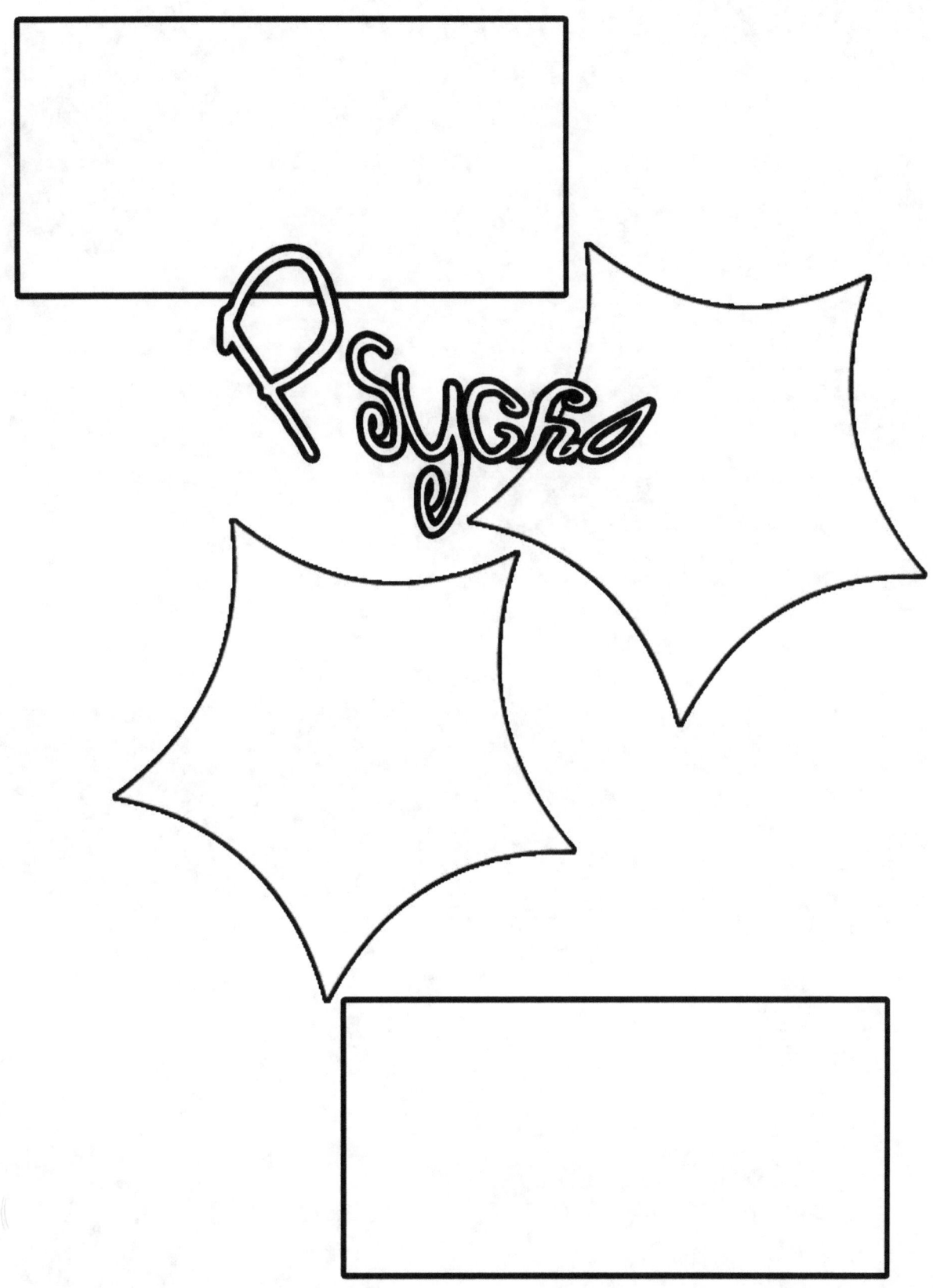

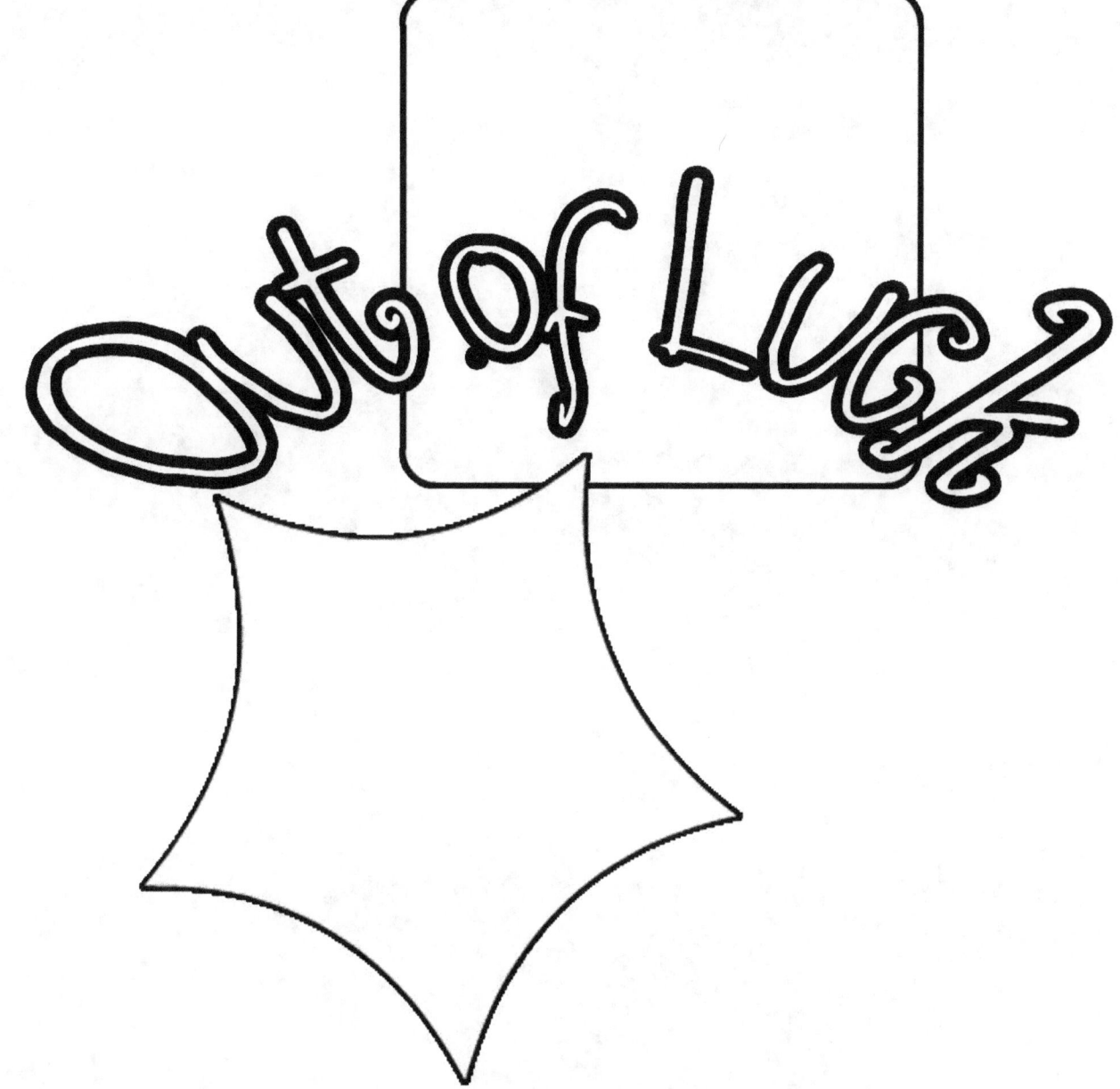

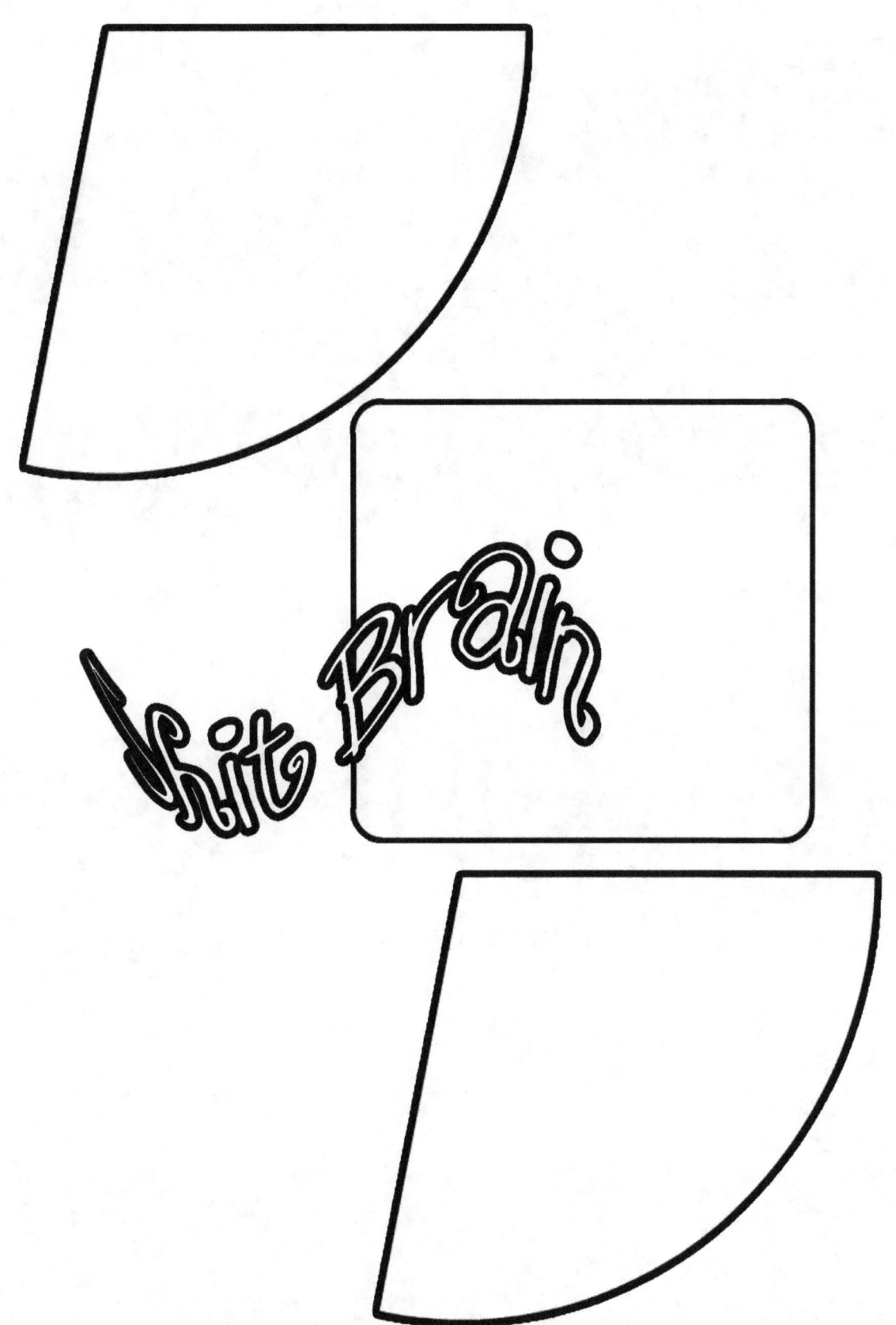

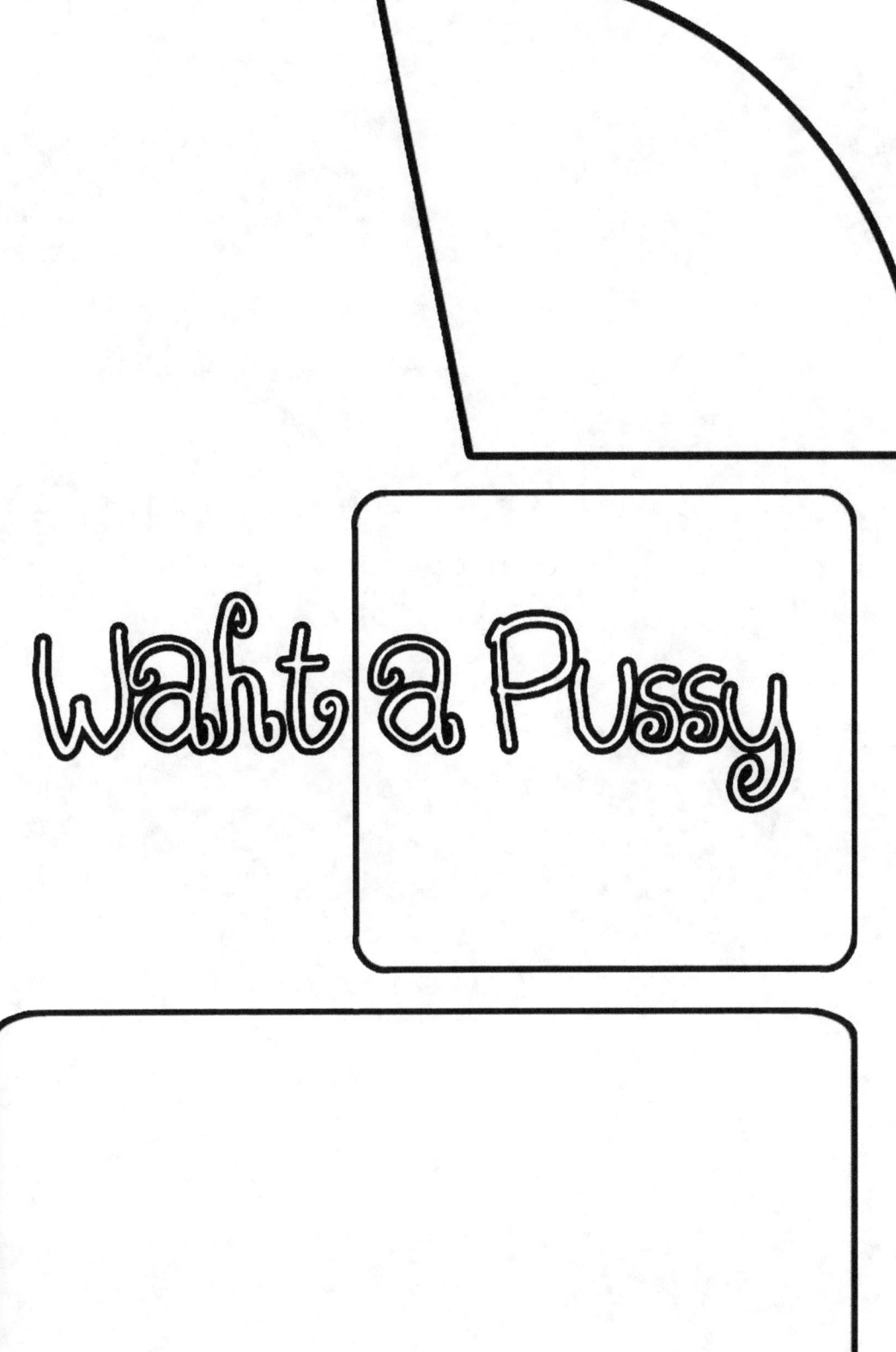

I fucking hate you

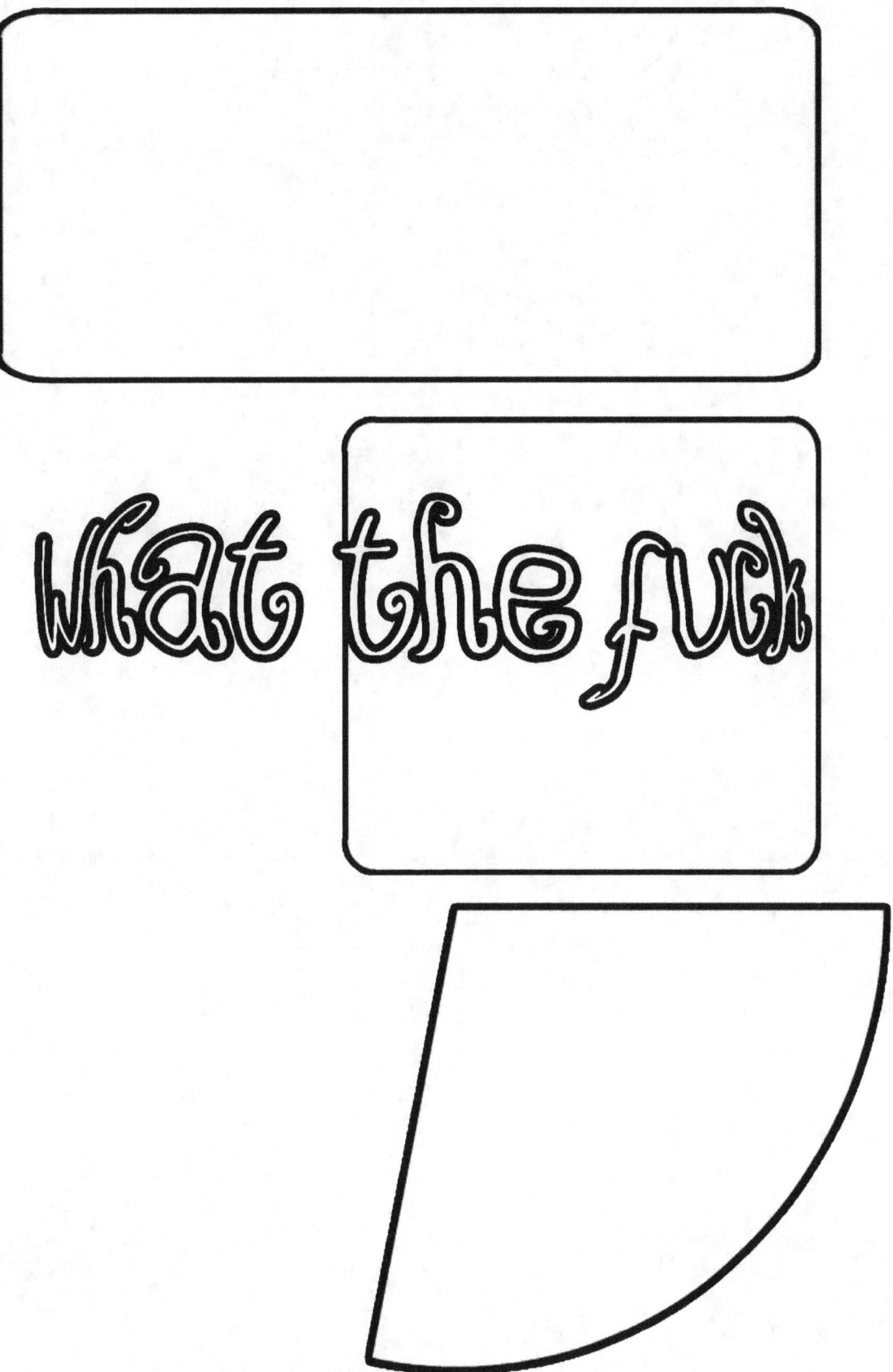

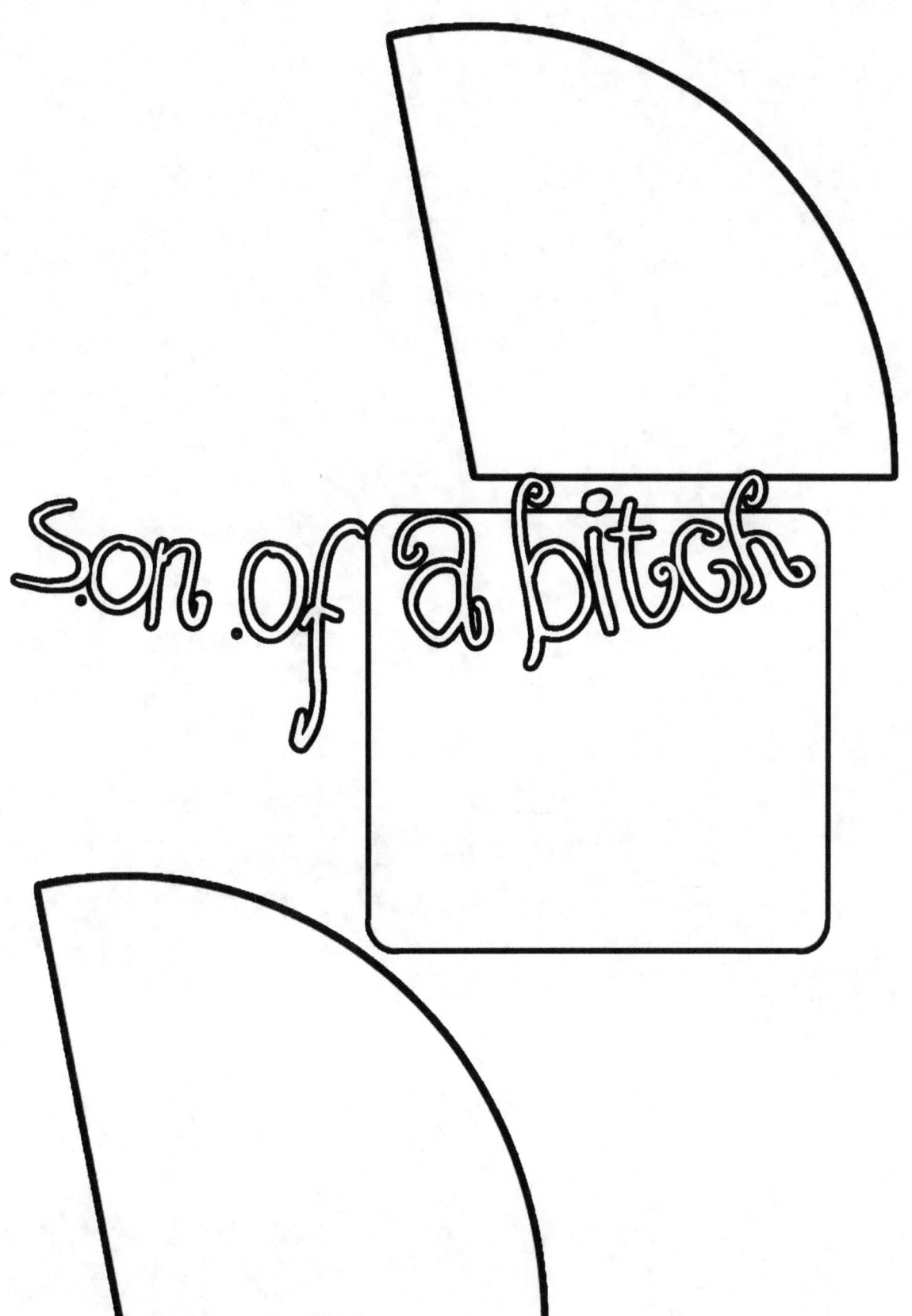

son of a bitch

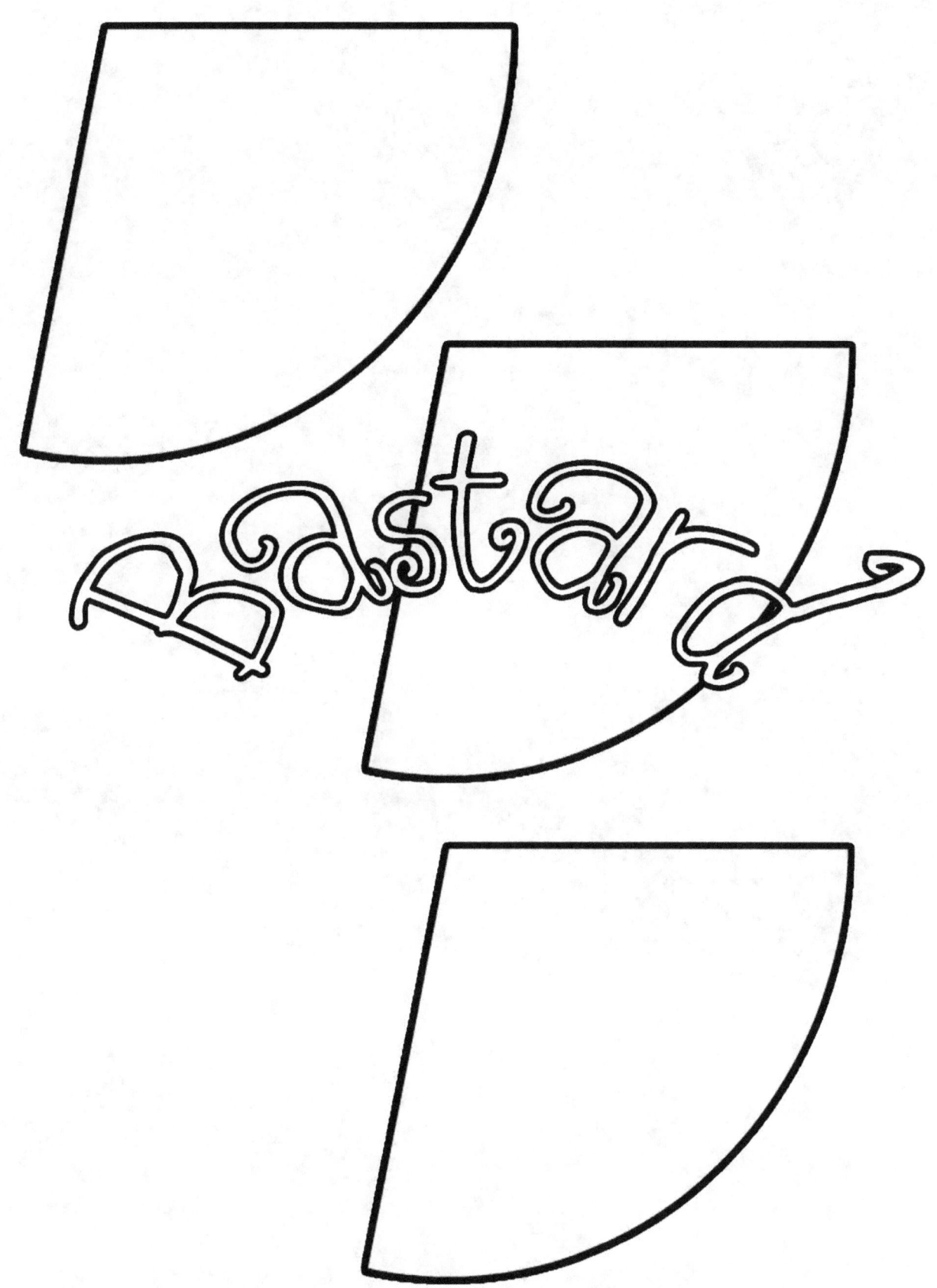

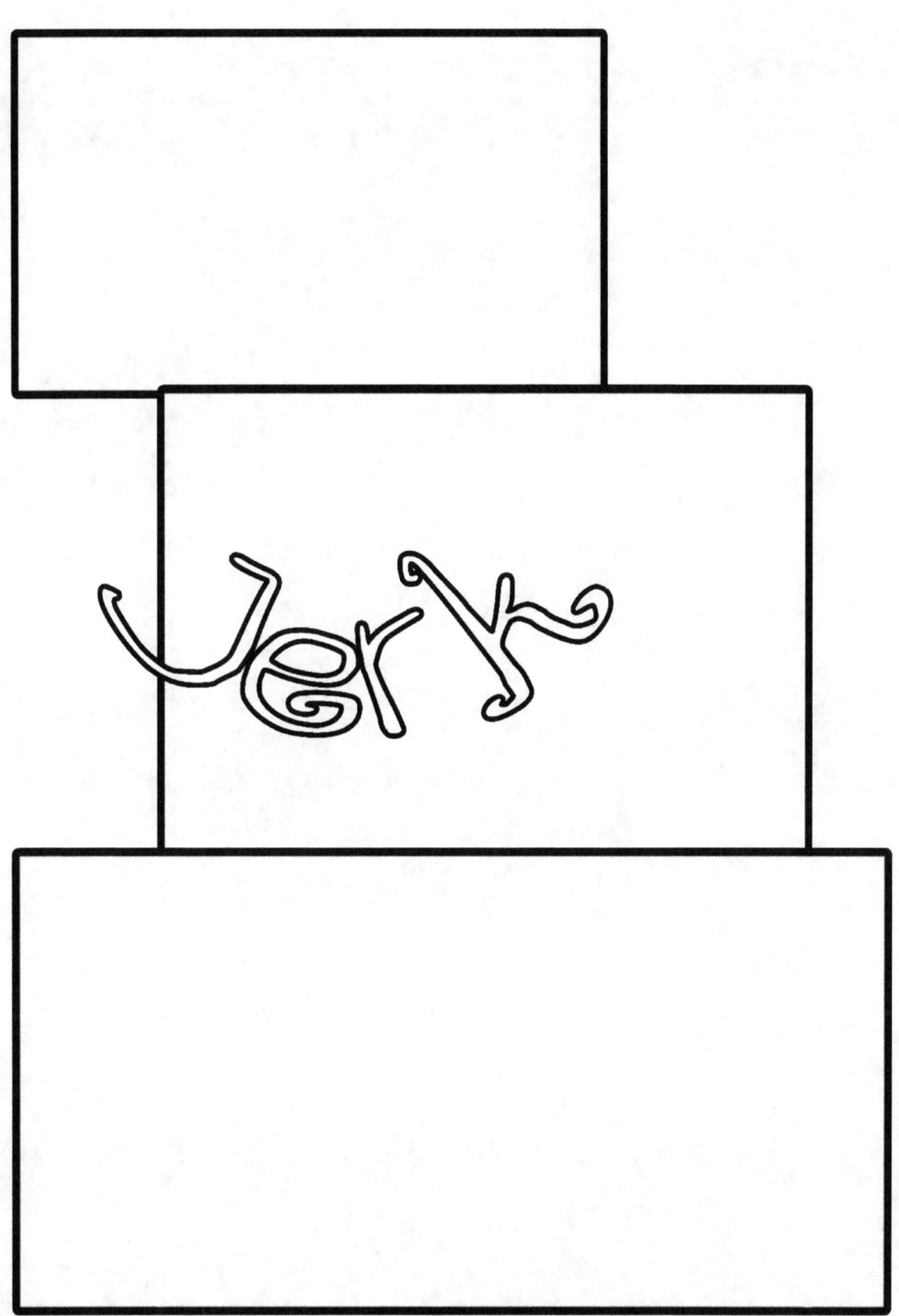

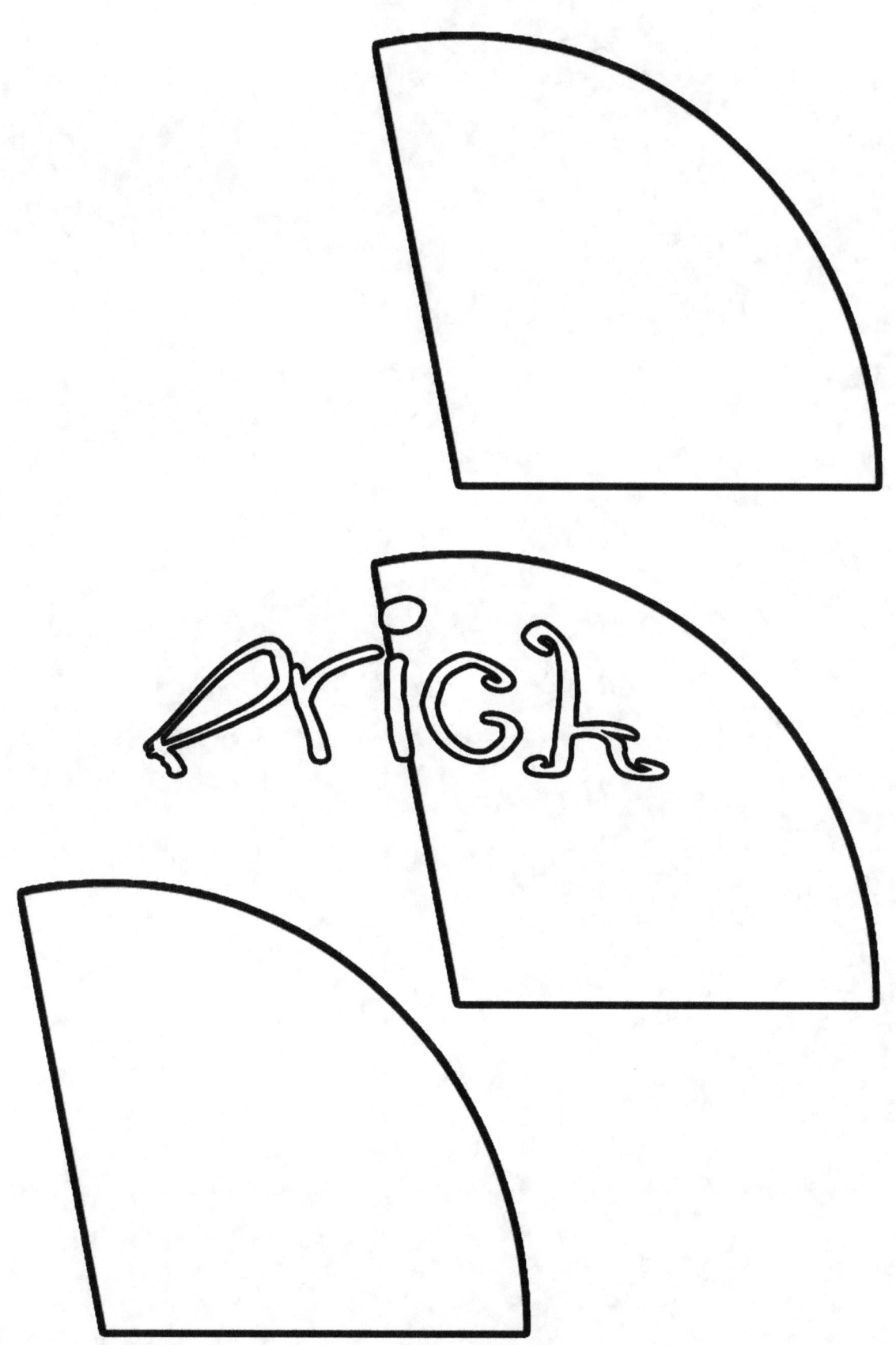

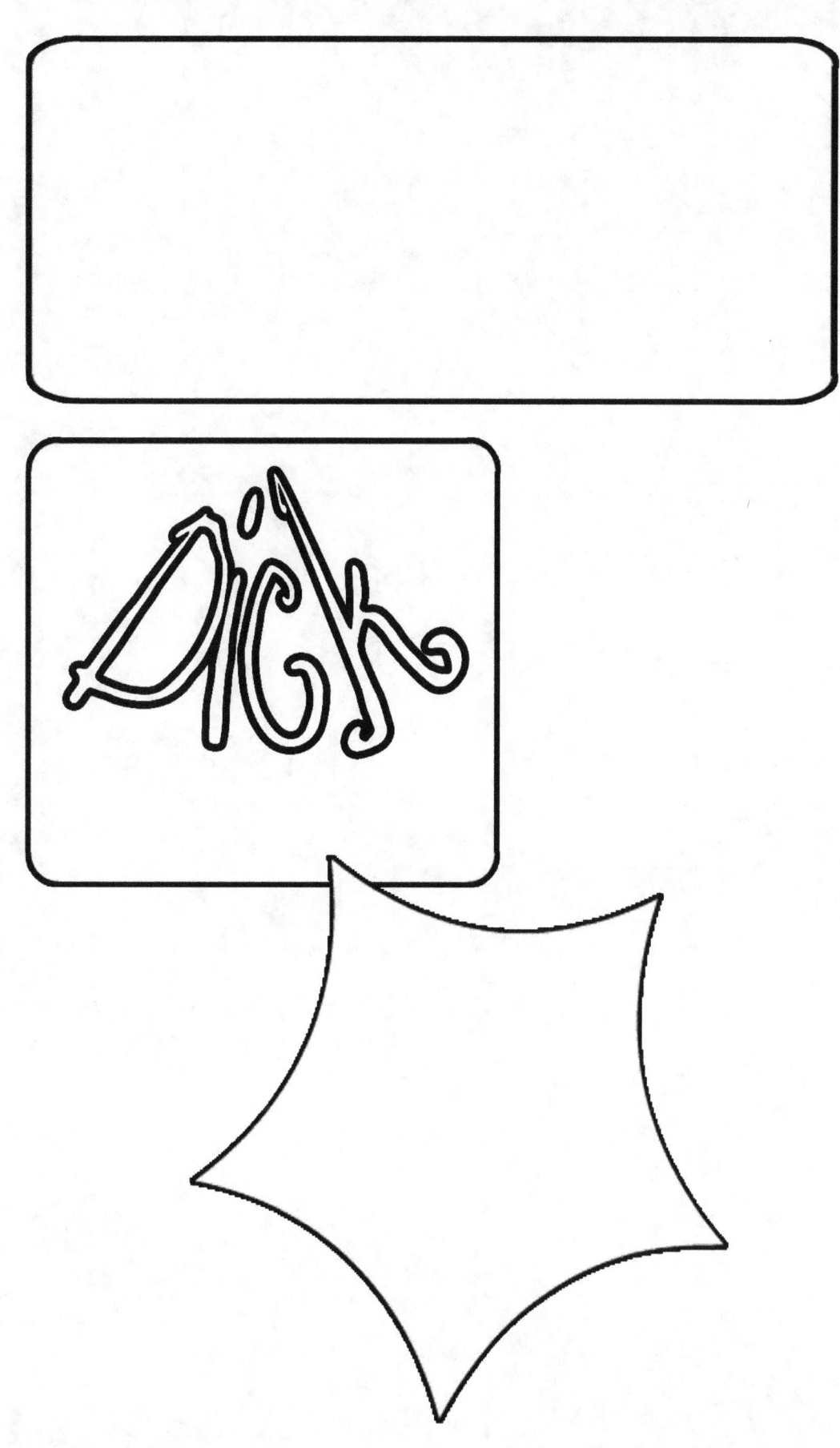

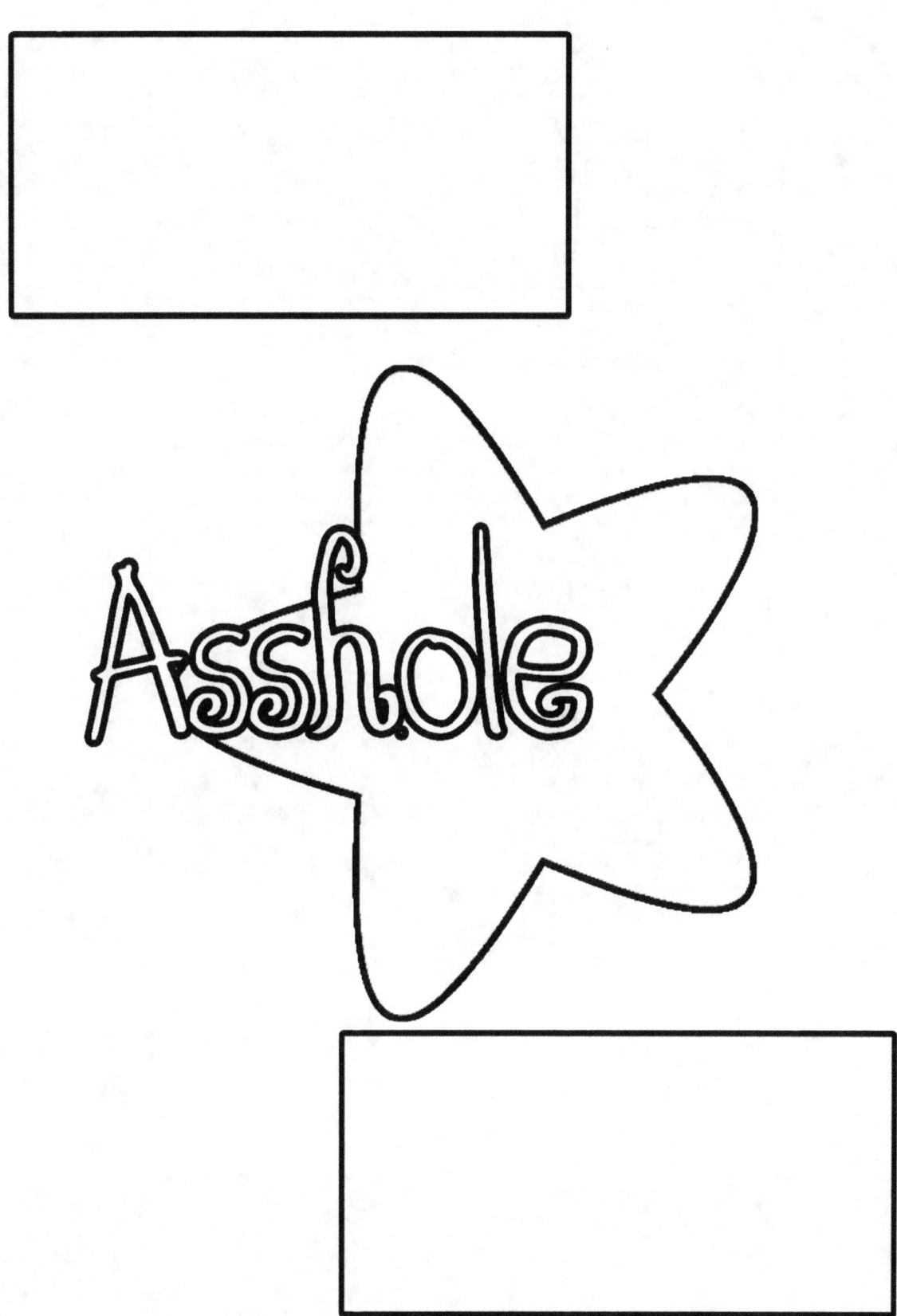

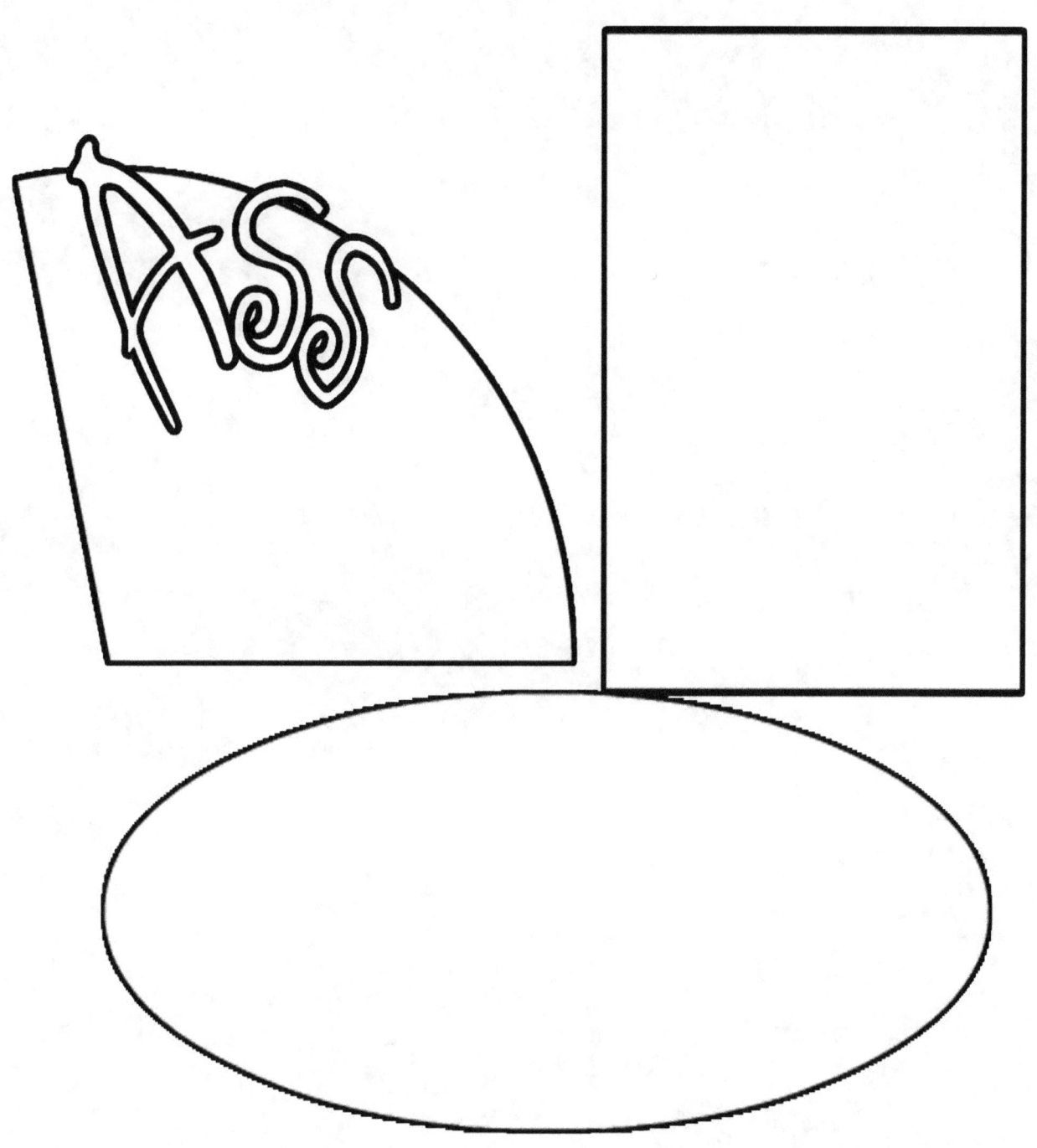

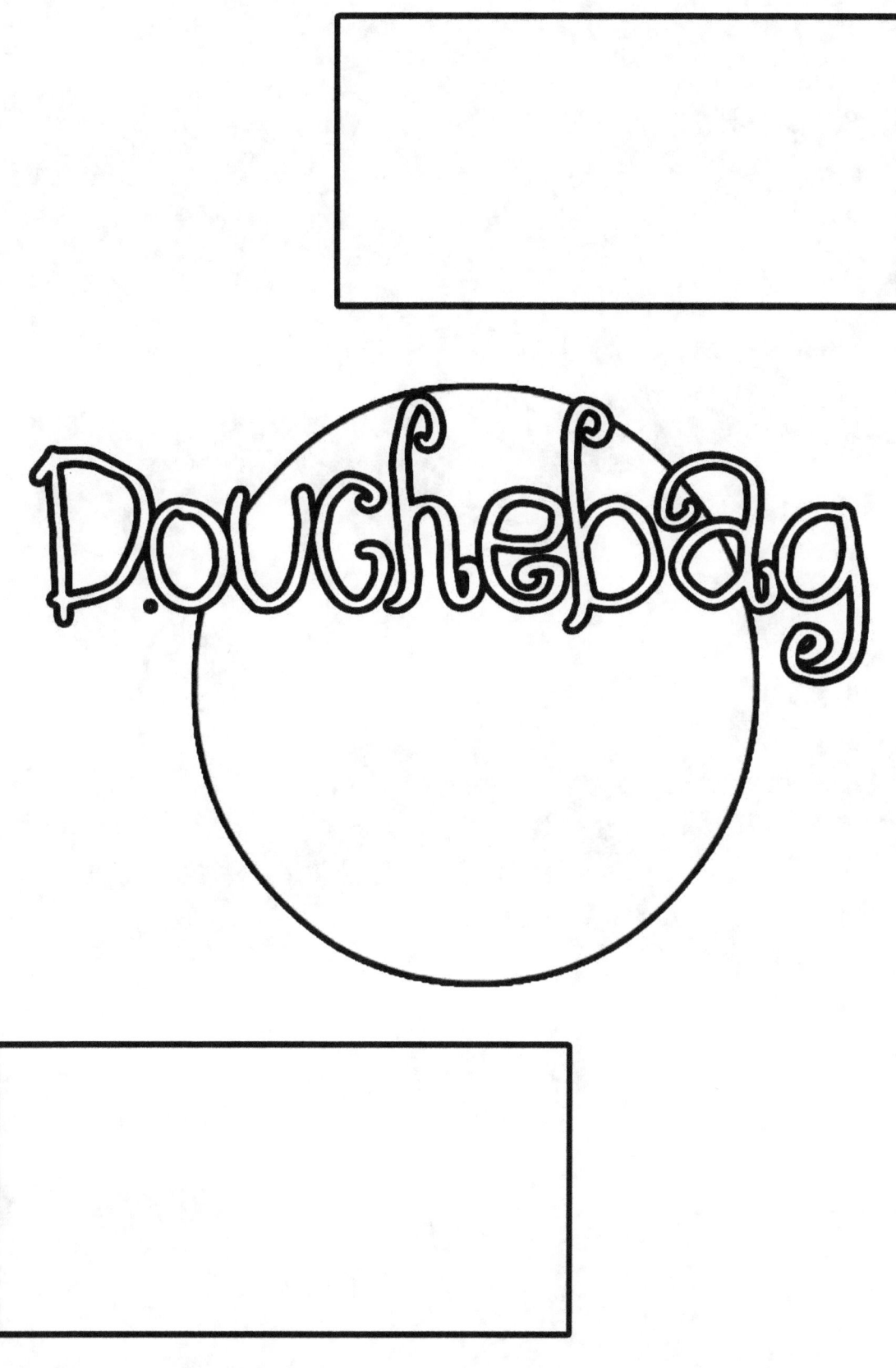

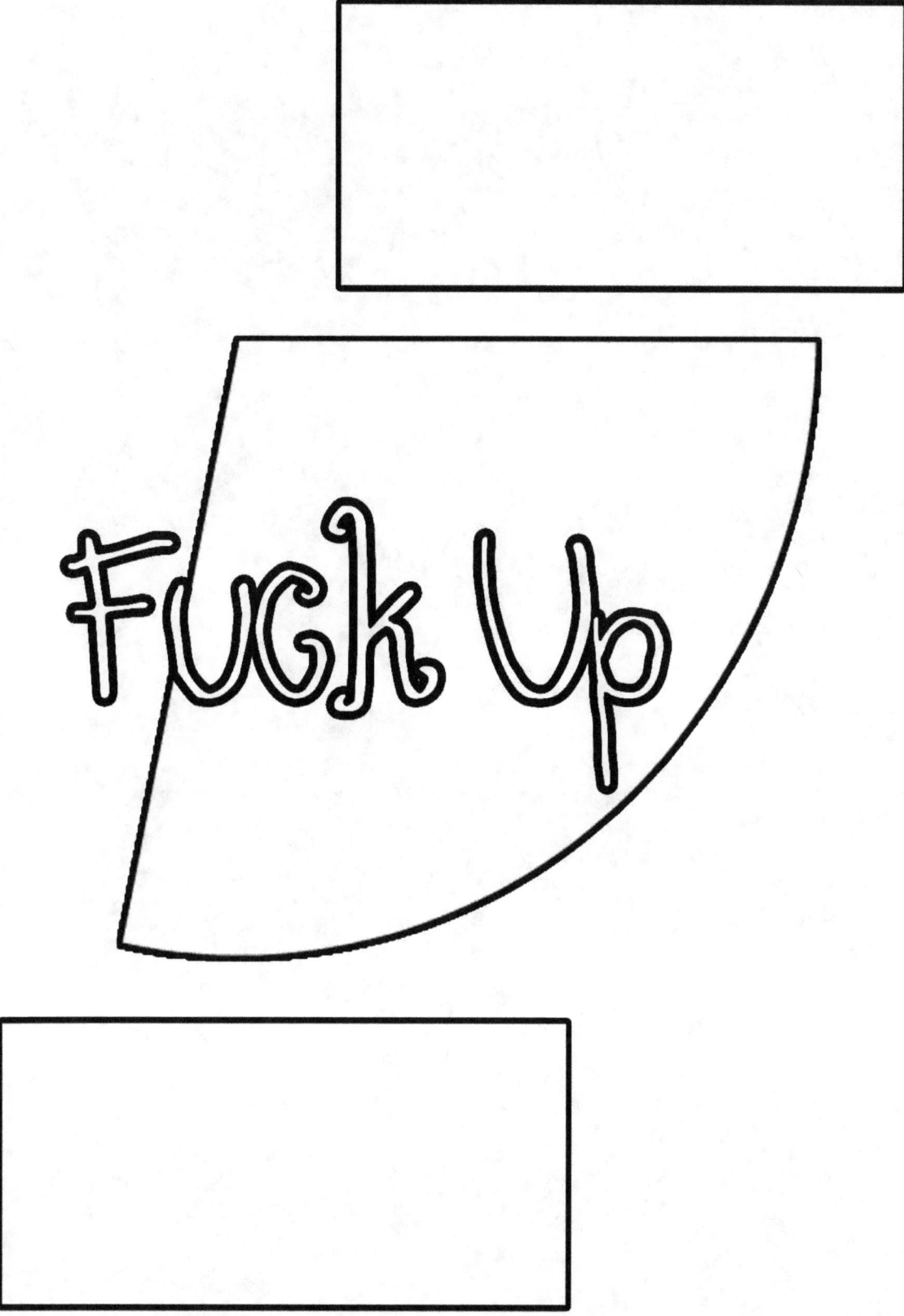

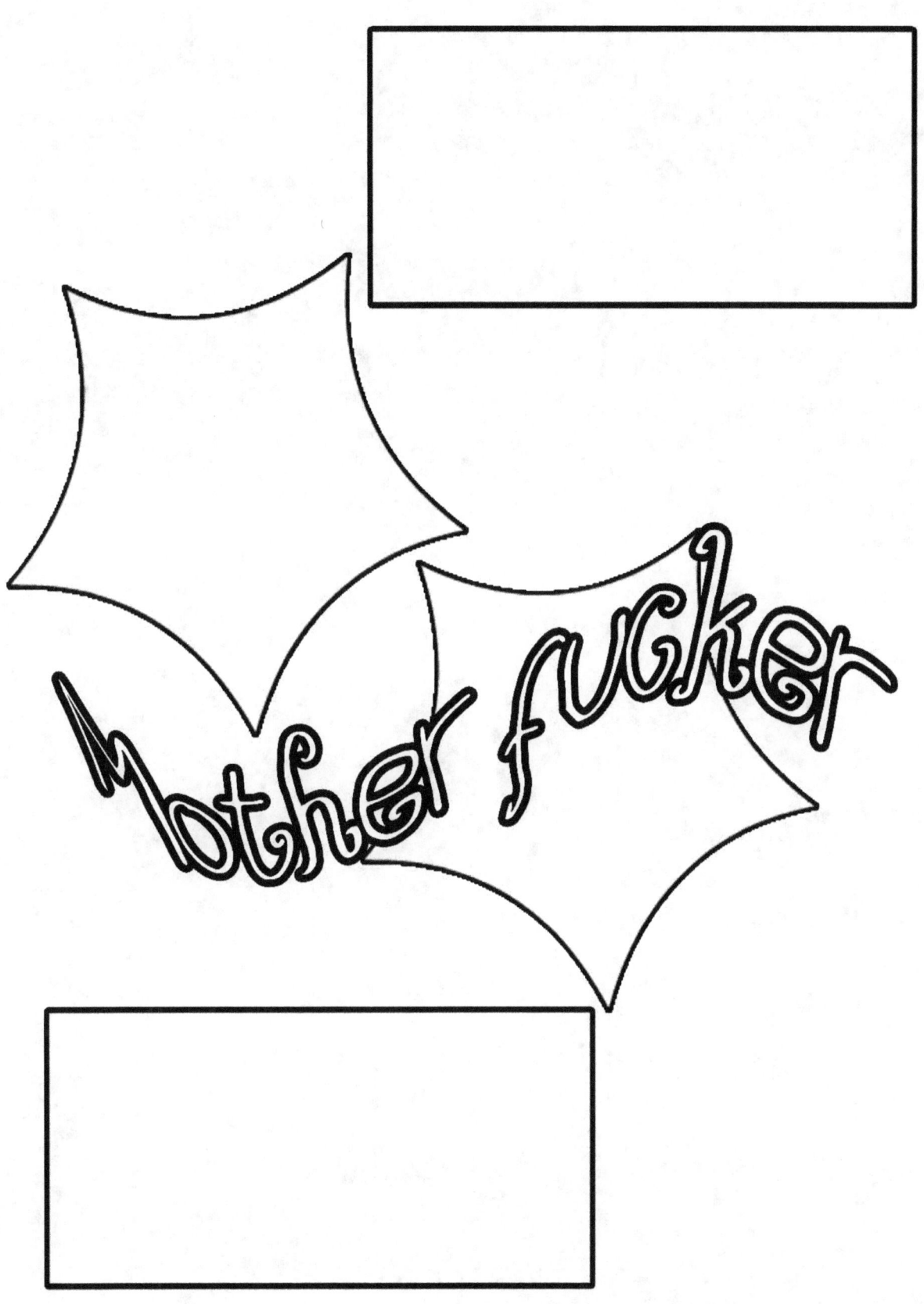

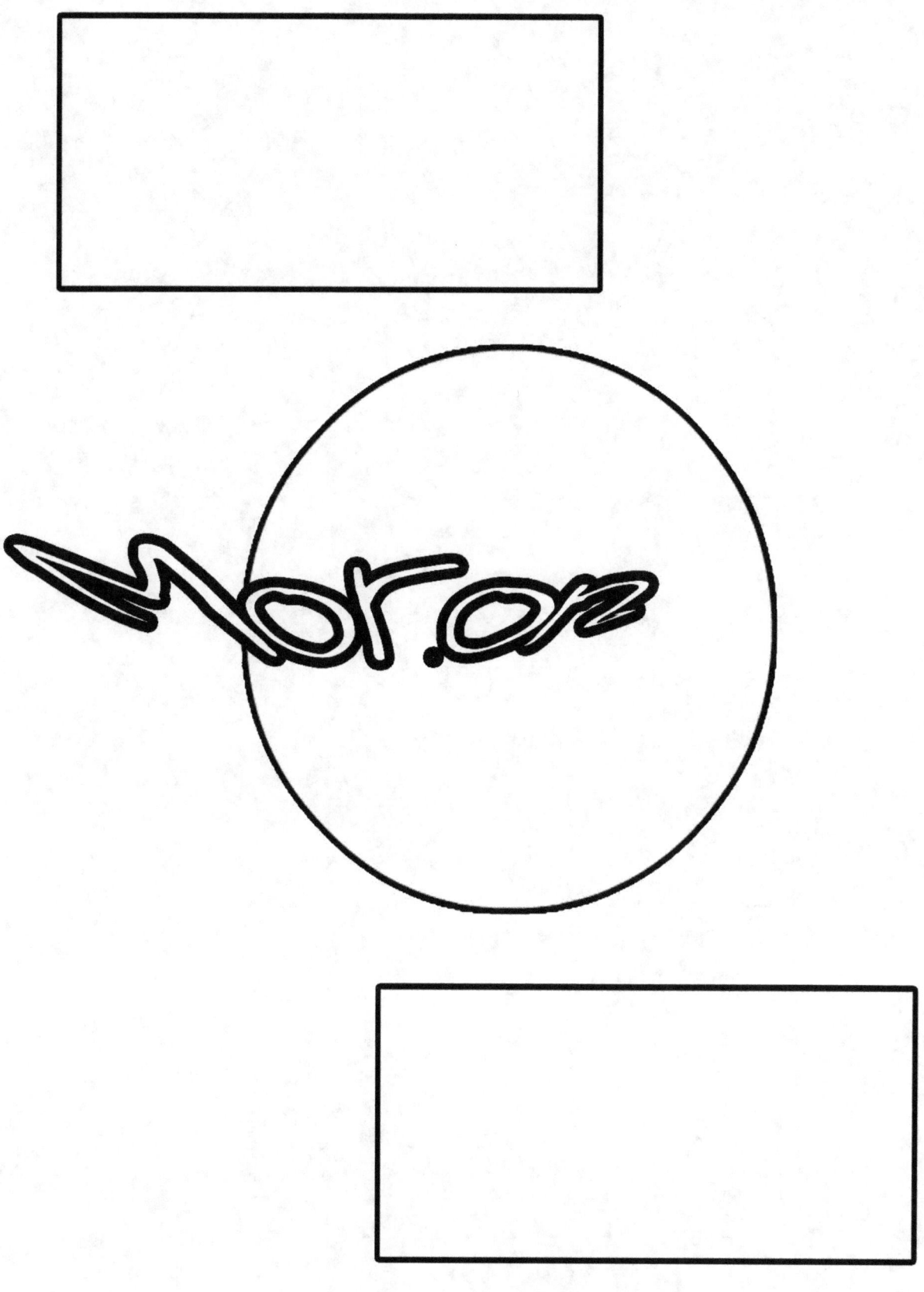

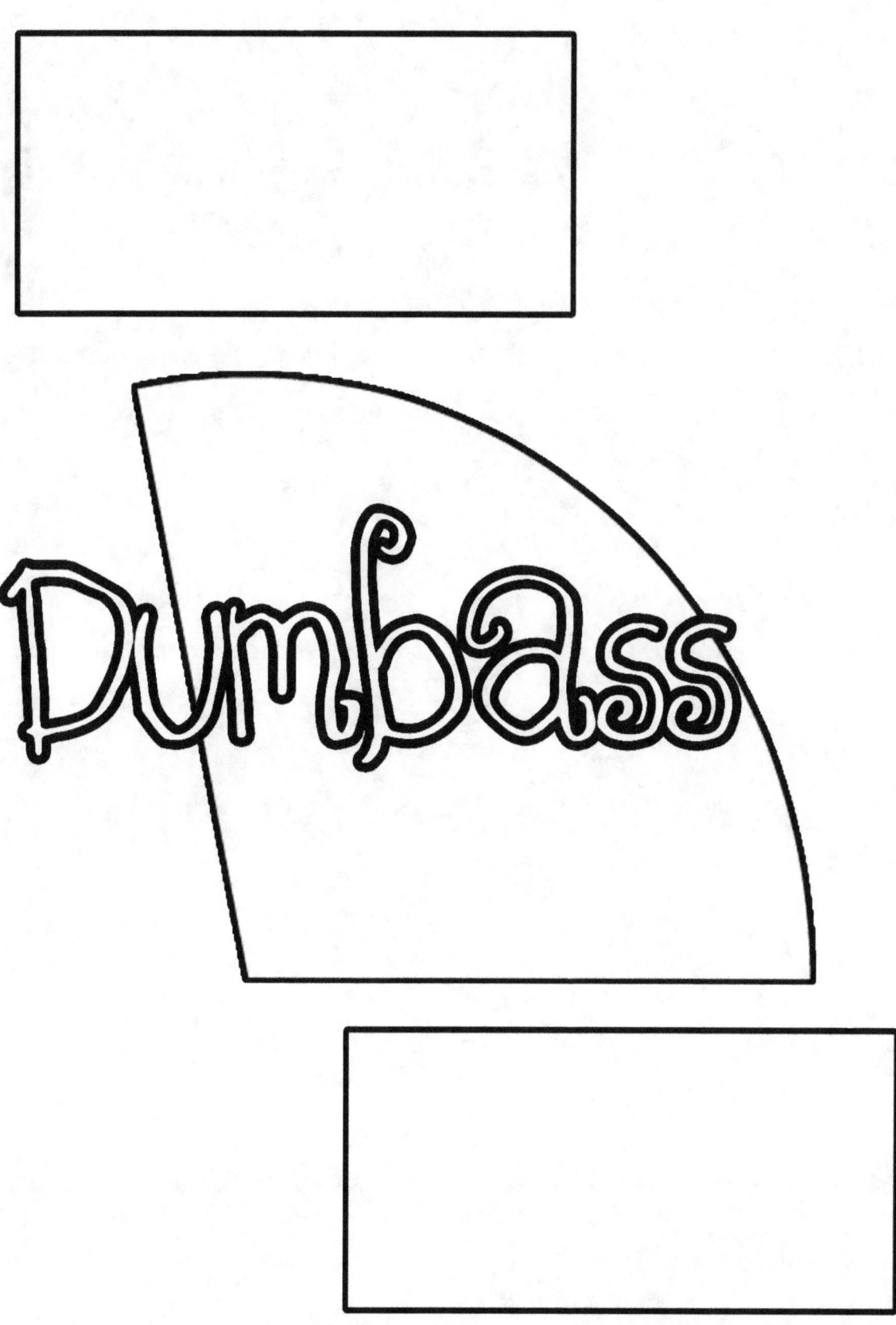

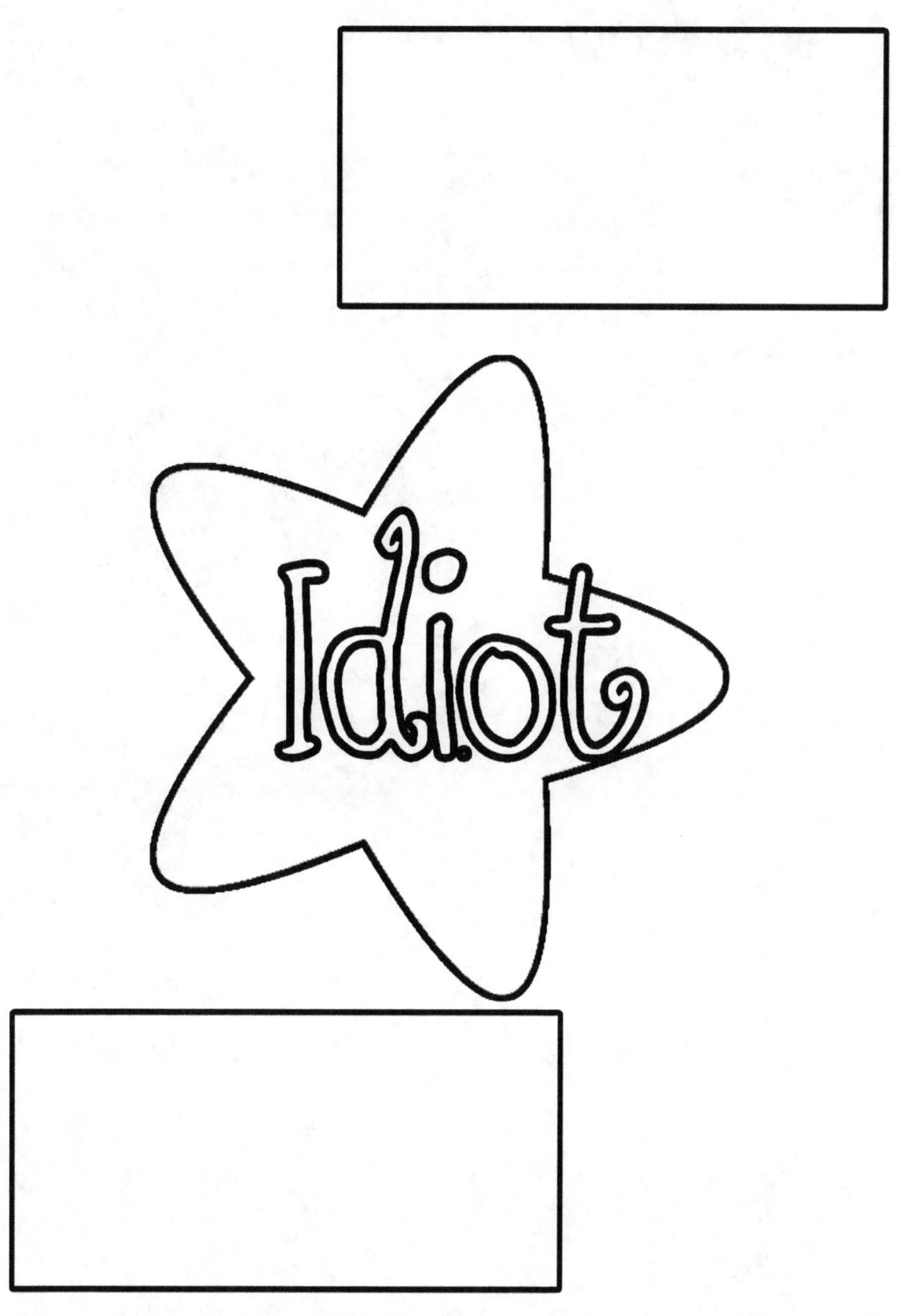

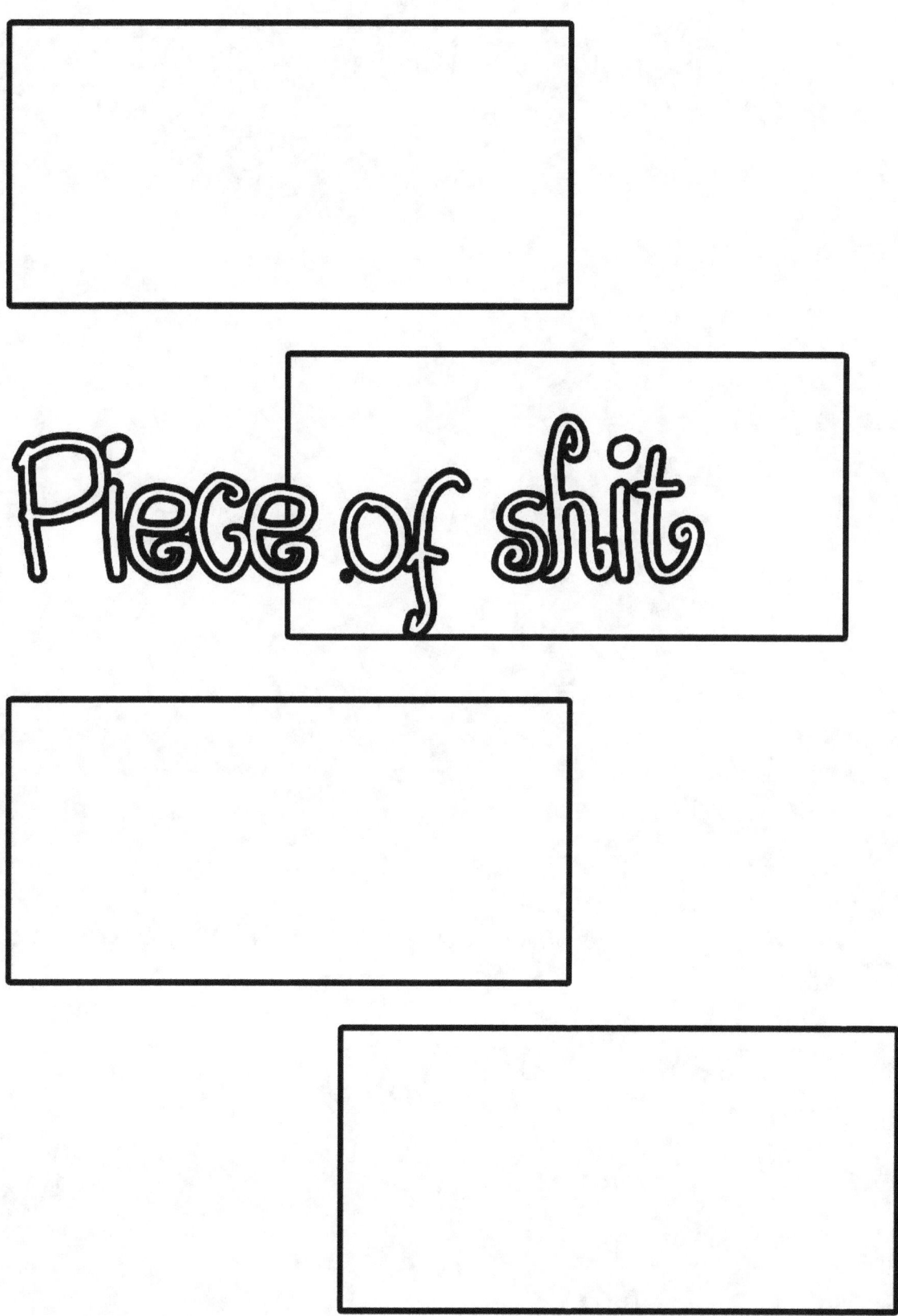

Piece of shit

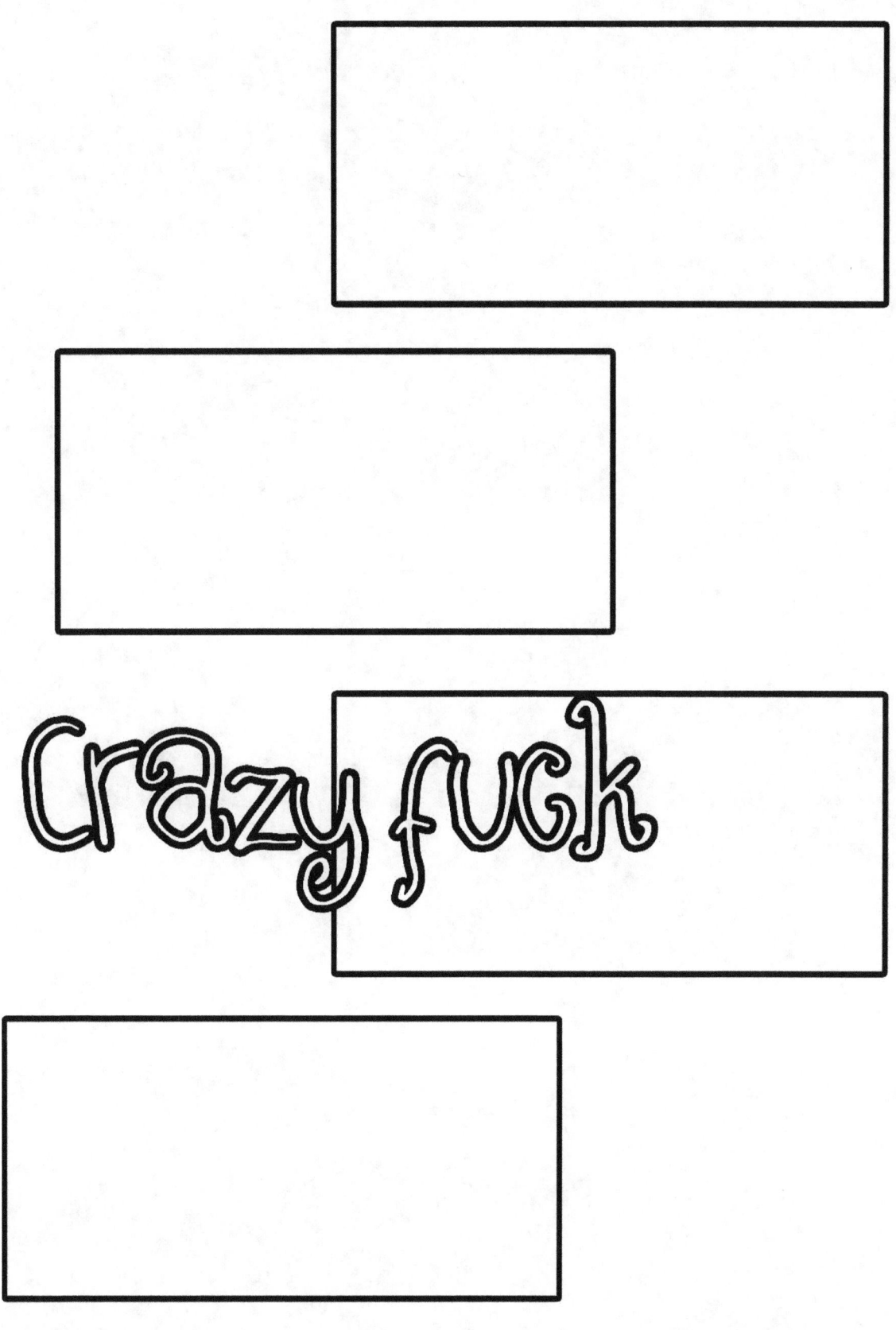

Crazy fuck

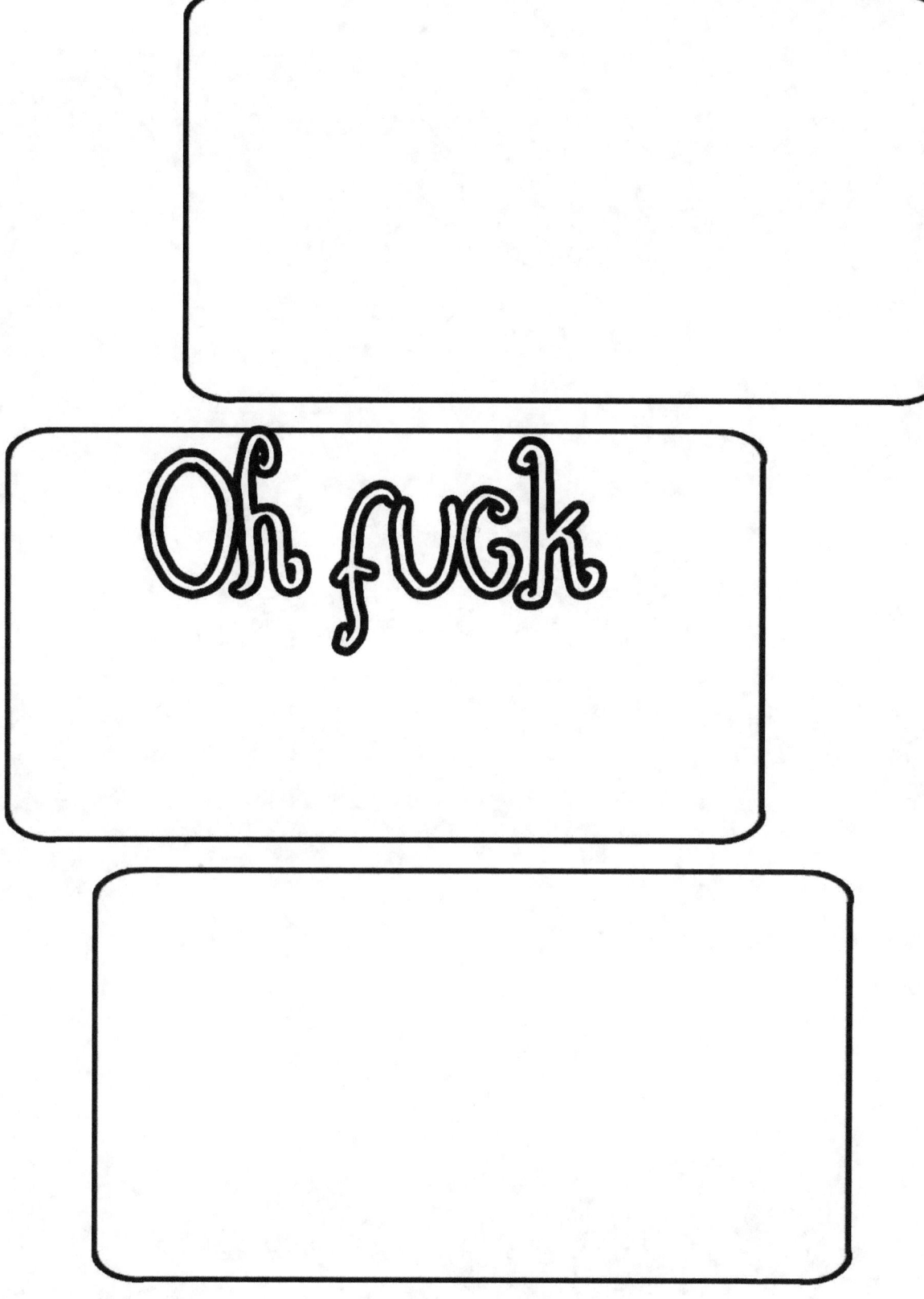

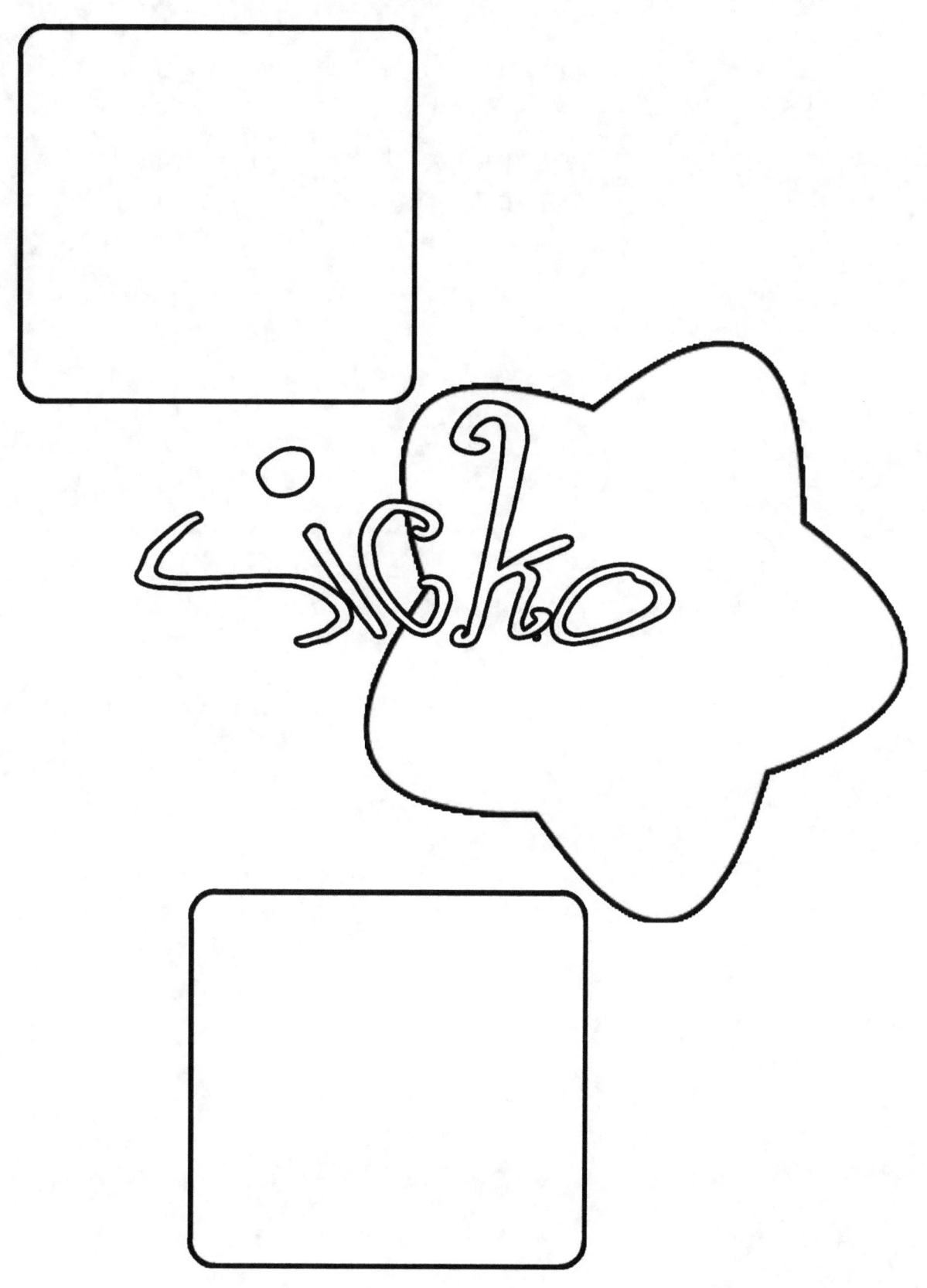

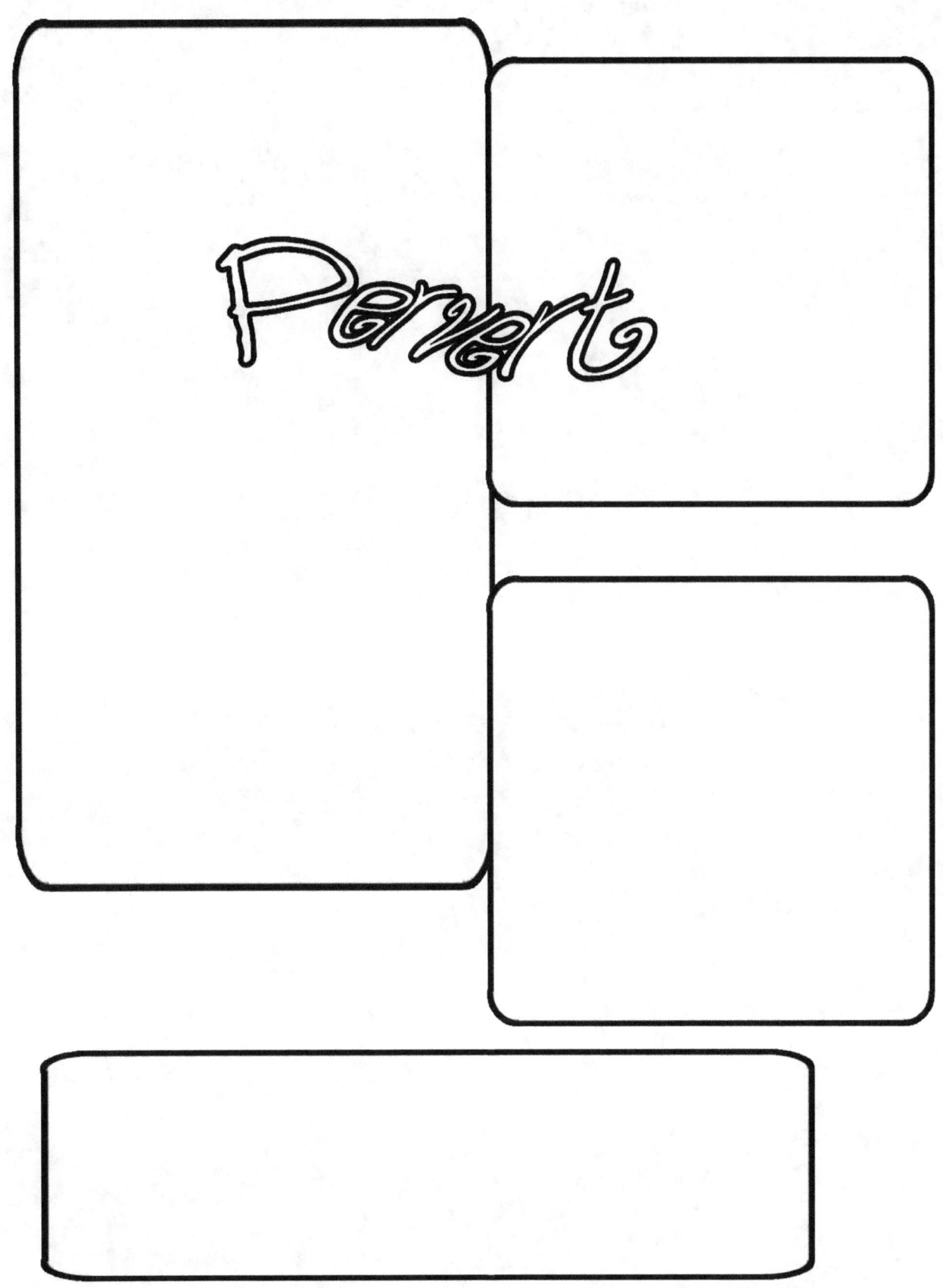
Pervert

Shut the Fuck Up

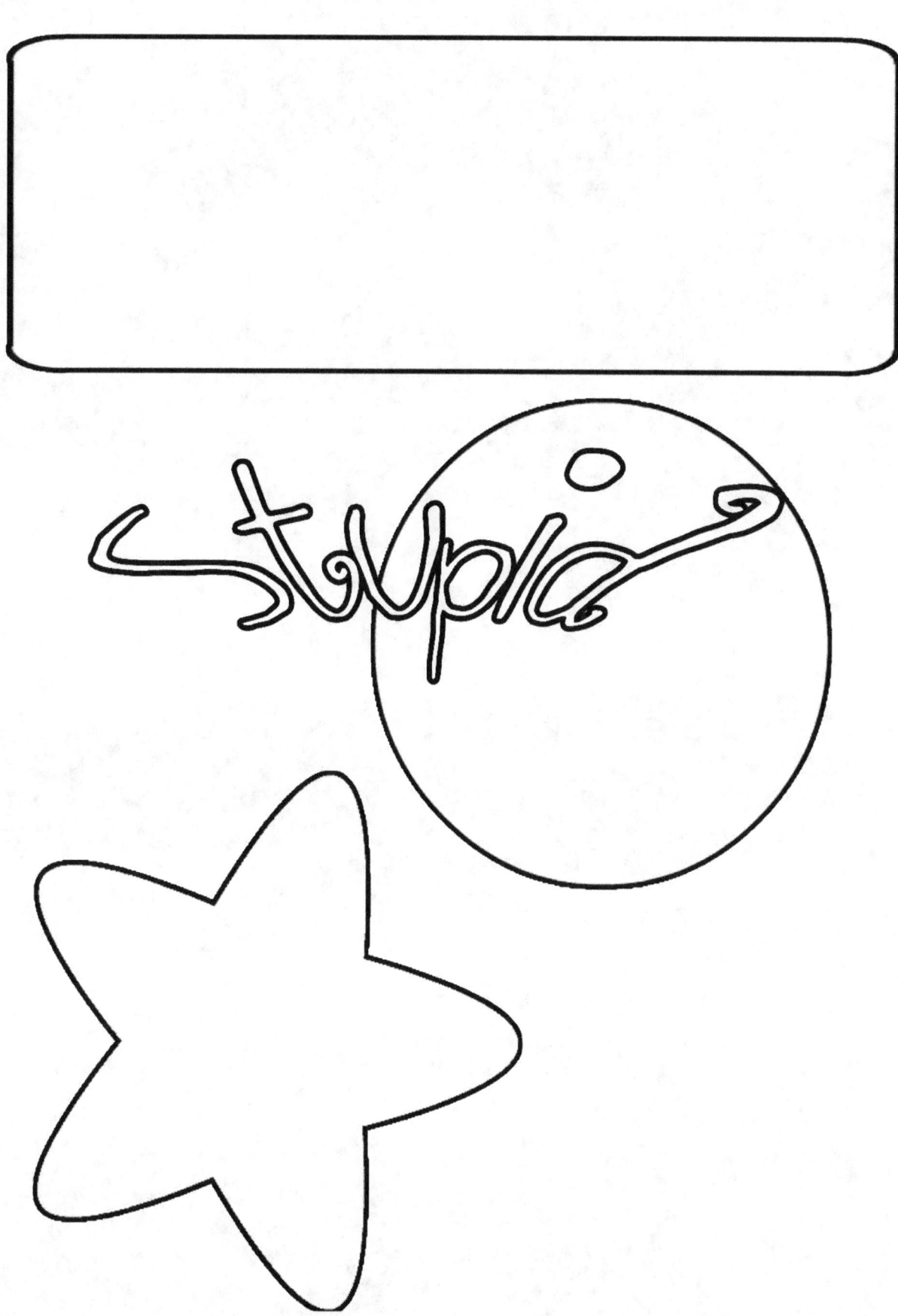

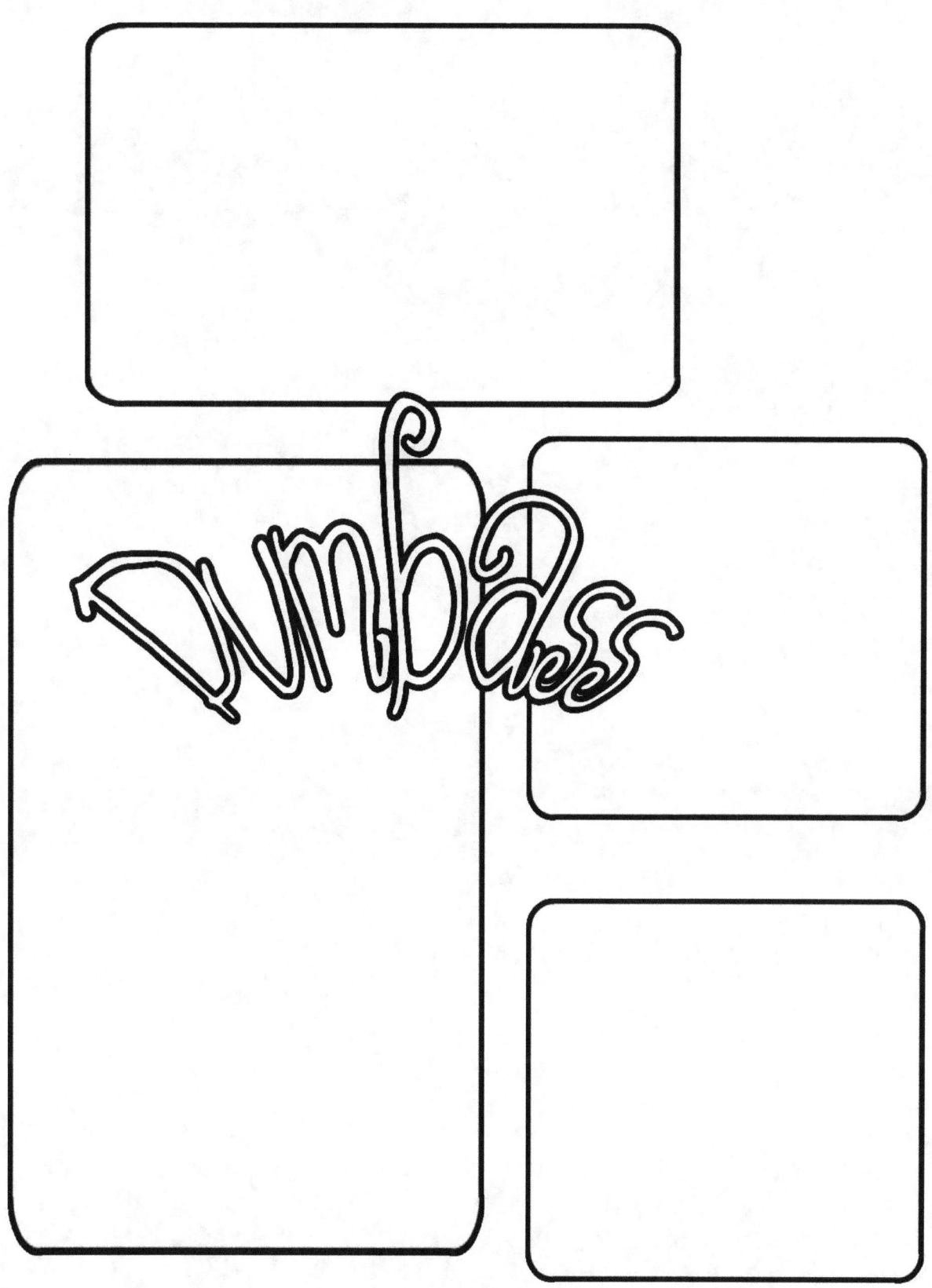

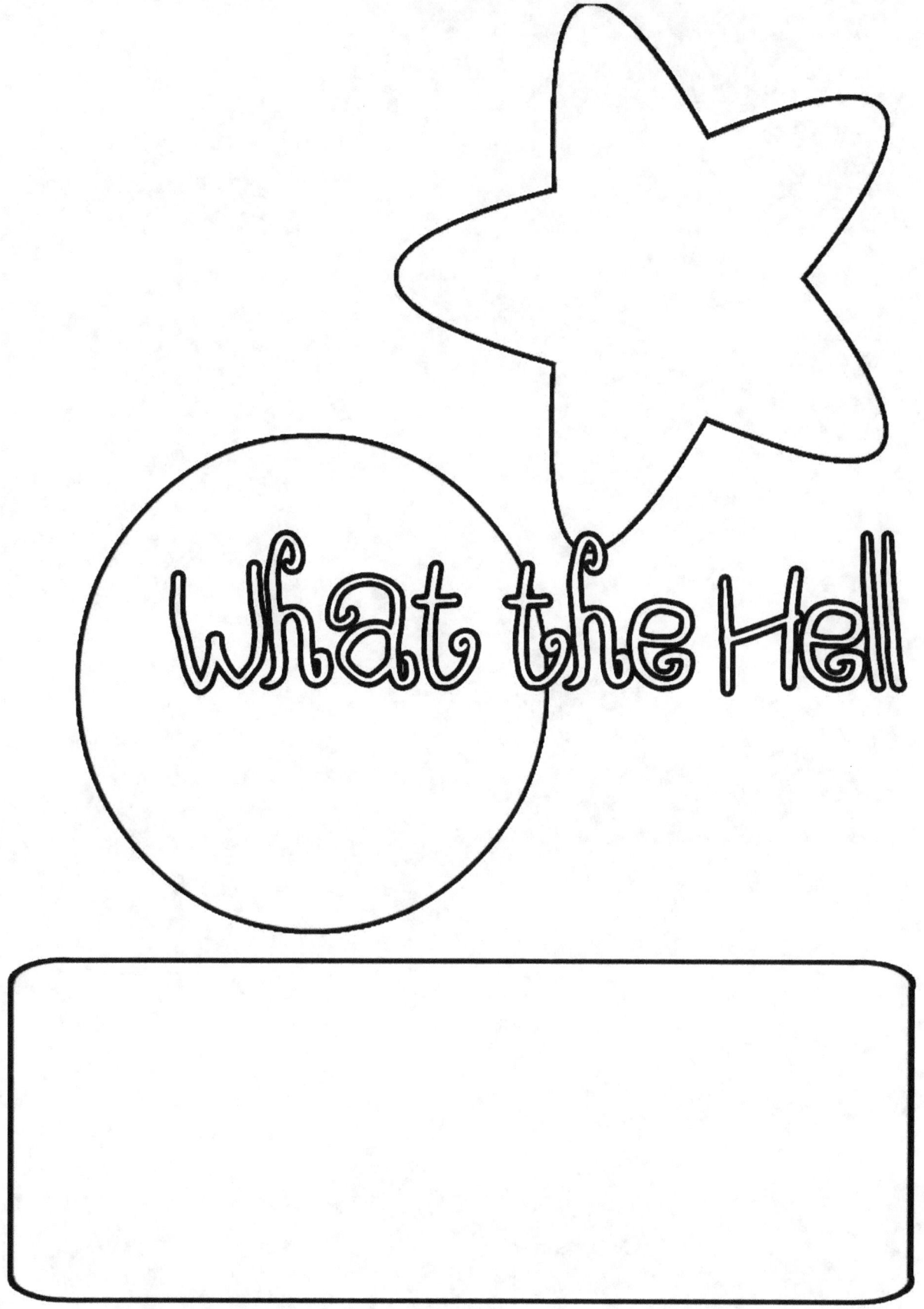

What the Heck

Go fuck yourself

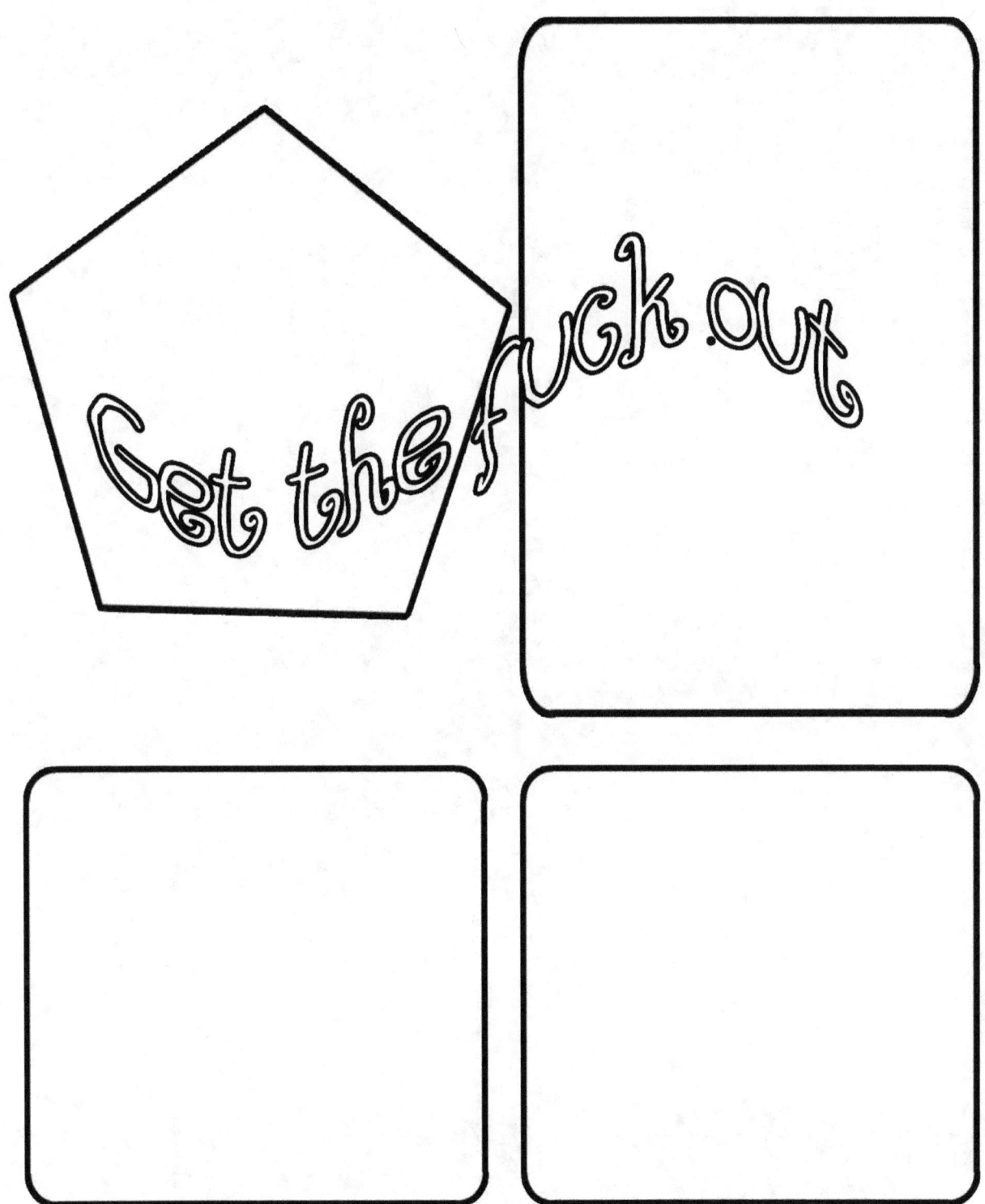

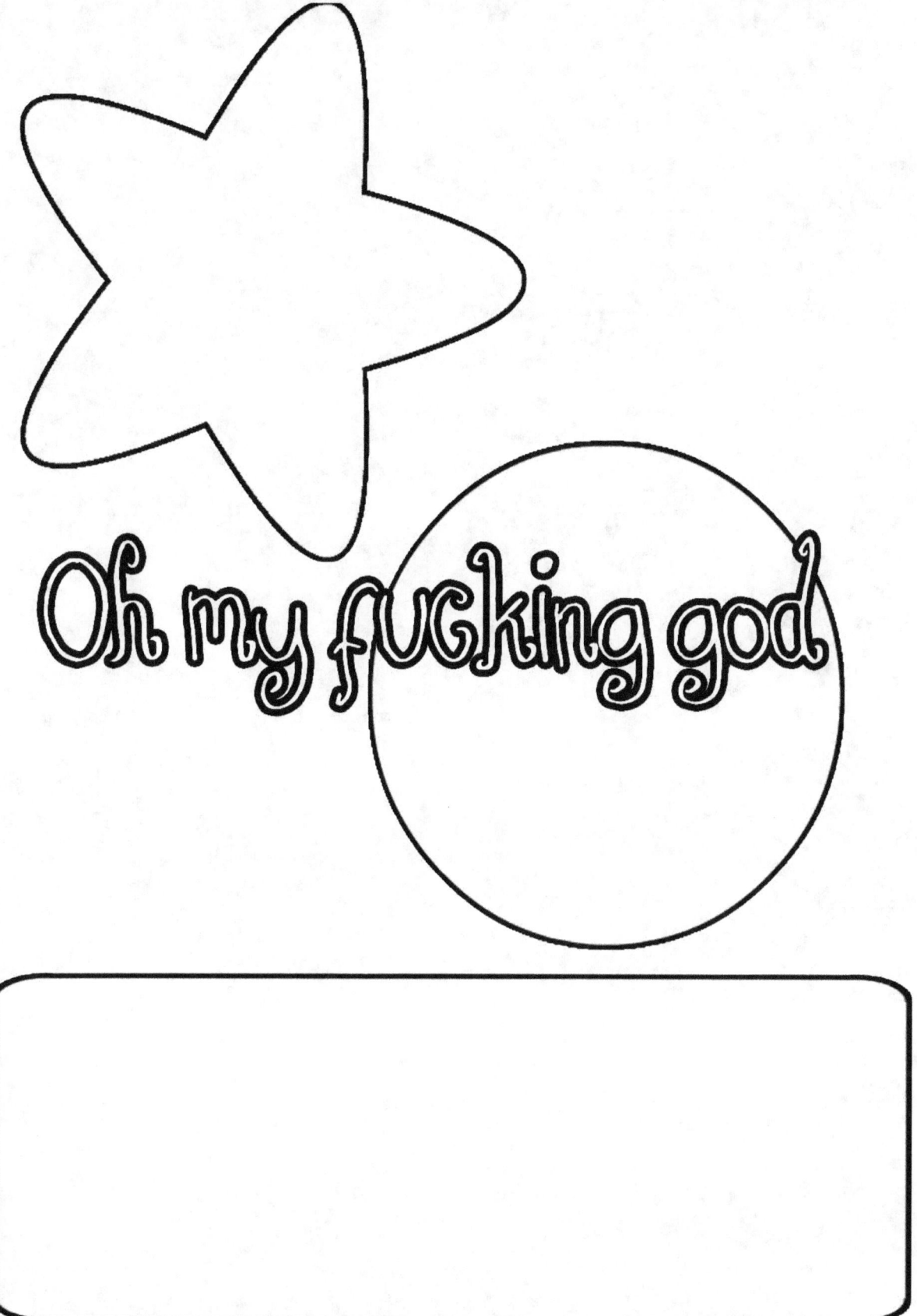

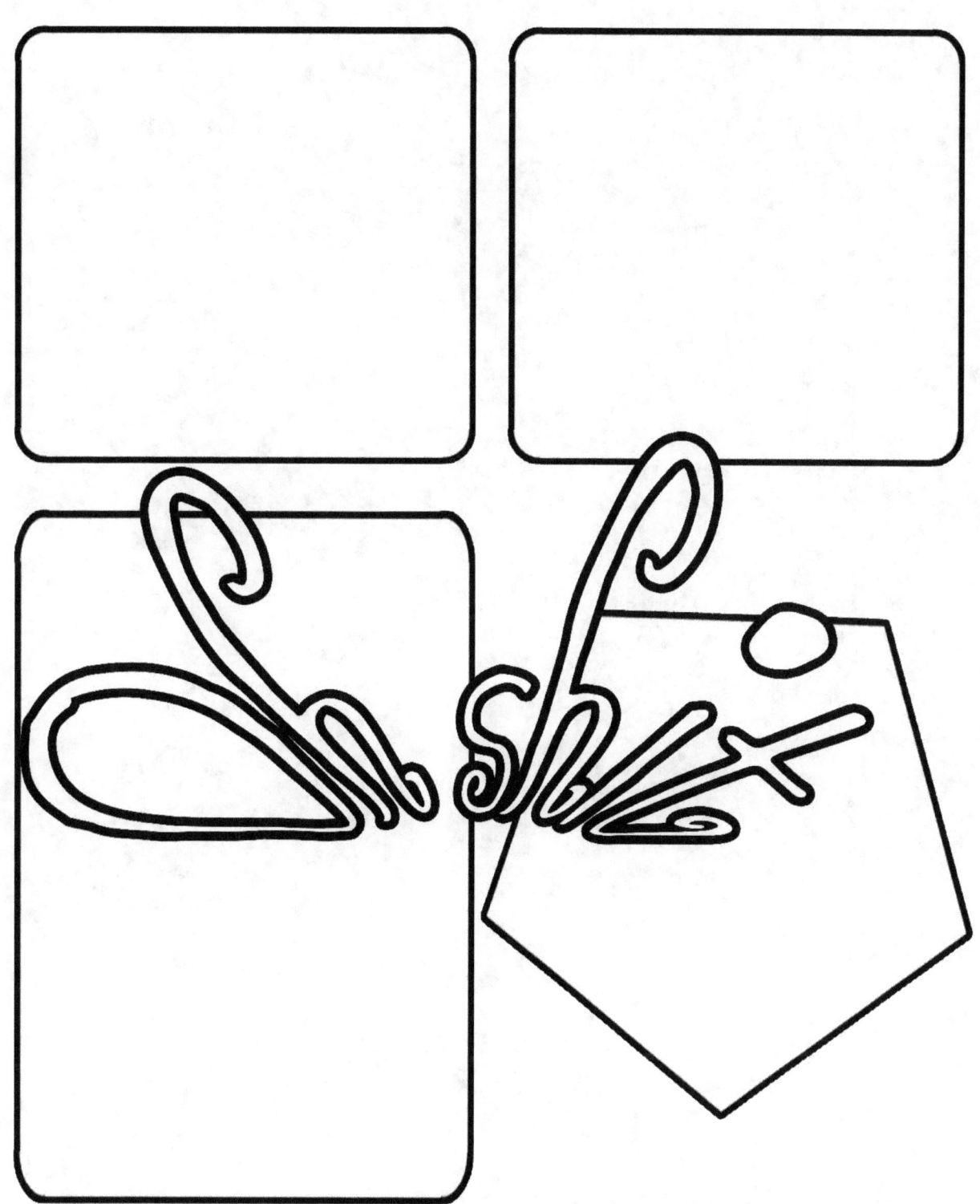

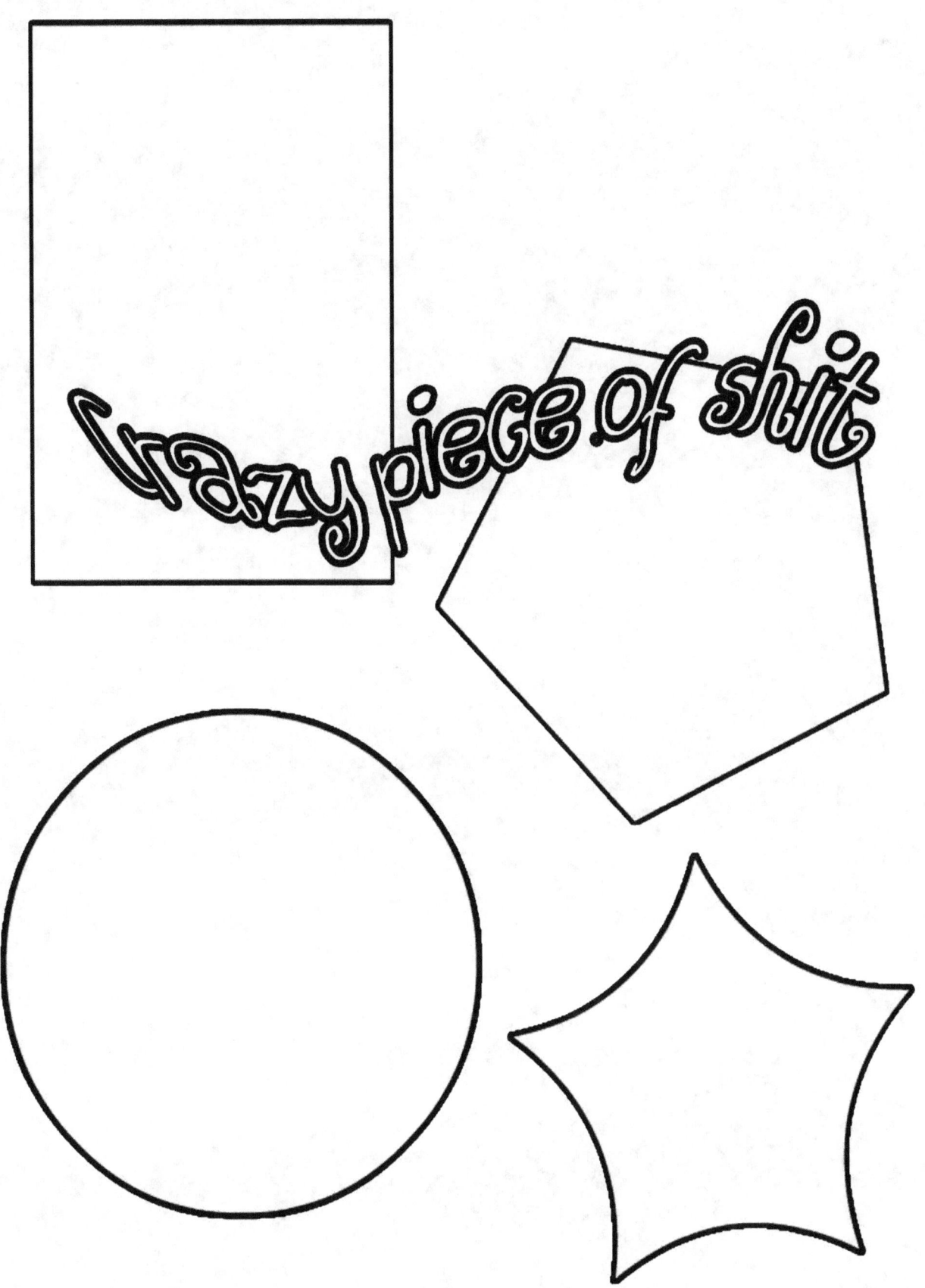

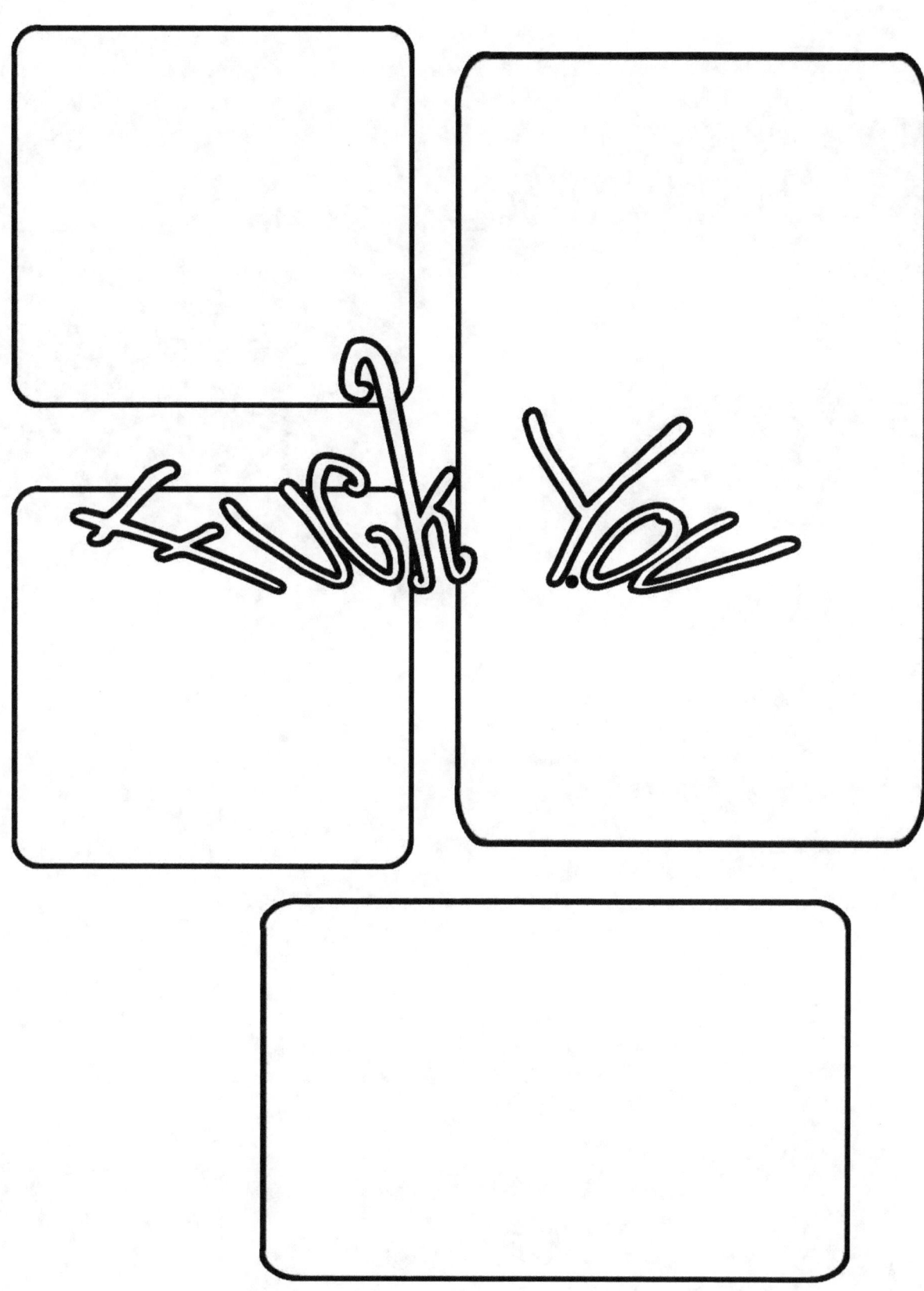

Go to fucking Hell

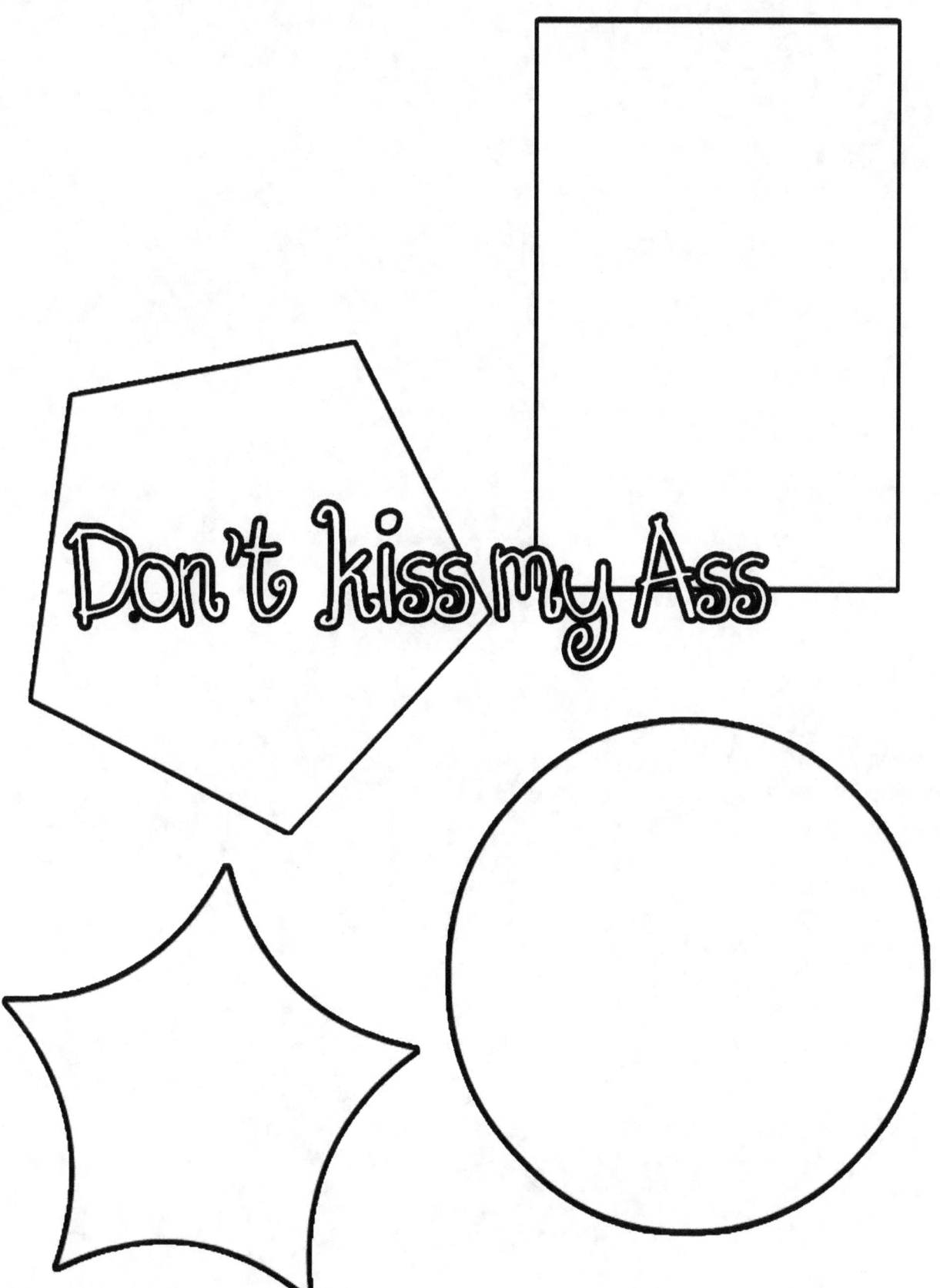

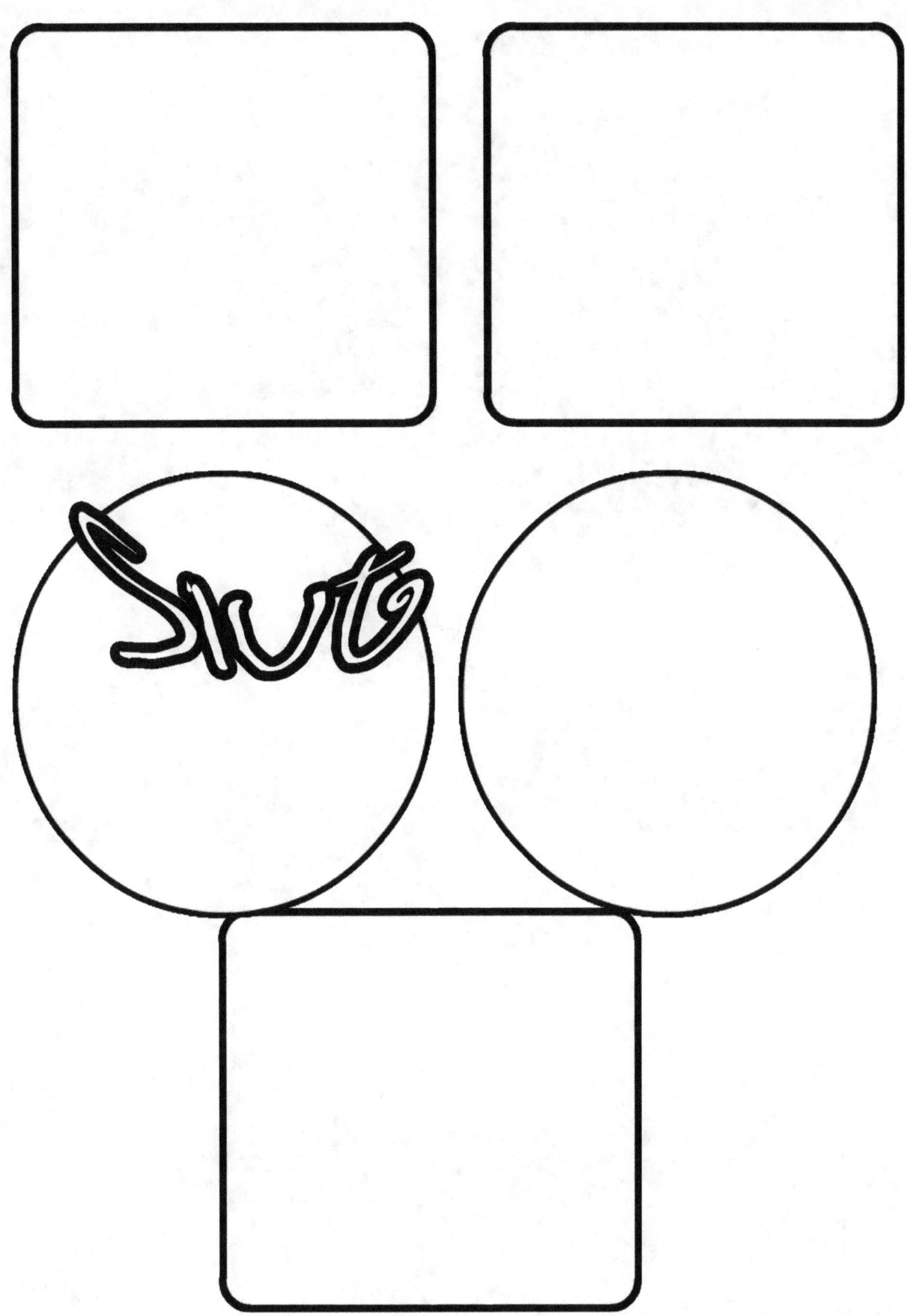

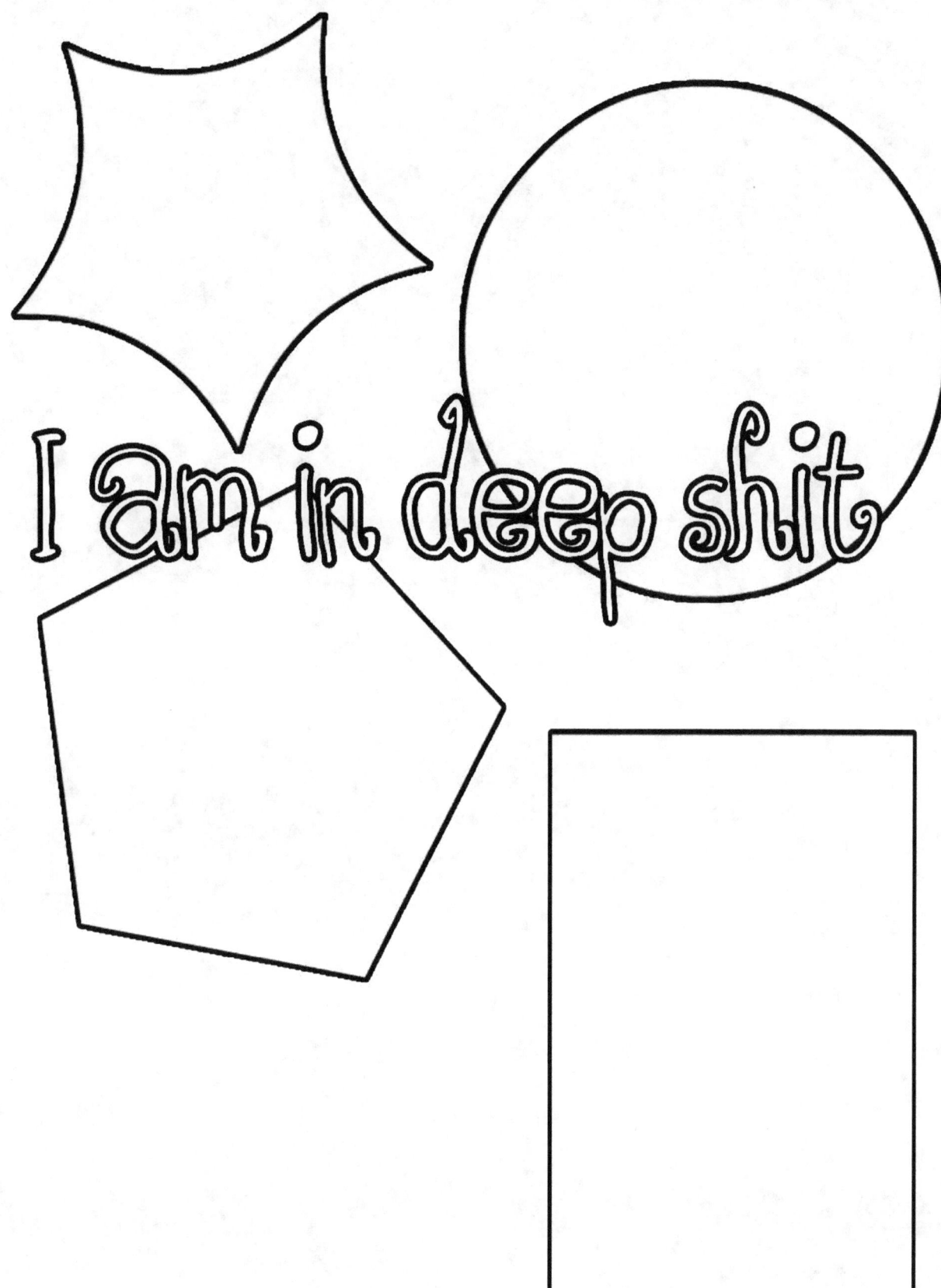